50 Jahre
Radius Verlag

FULBERT STEFFENSKY

Gewagter Glaube

RADIUS

Fulbert Steffensky, 1933 in Rehlingen/Saar geboren, Studium der katholischen und evangelischen Theologie, danach Praxis in Schule und Seelsorge. 1972 Promotion, anschließend Professur für Erziehungswissenschaft an der Fachhochschule Köln. Ab 1975 Professor für Religionspädagogik am Fachbereich Erziehungswissenschaft der Universität Hamburg. Forschungsschwerpunkte sind die religiöse Erziehung in posttraditionalen und urbanen Gesellschaften sowie die kirchliche Sprache in Medien und anderen säkularen Räumen.

Von Fulbert Steffensky liegen im Radius-Verlag vor:

Gewagter Glaube
Mut zur Endlichkeit. Sterben in einer Gesellschaft der Sieger
Der Schatz im Acker. Gespräche mit der Bibel
Schöne Aussichten. Einlassungen auf biblische Texte
Schwarzbrot-Spiritualität
Wo der Glaube wohnen kann

Und die von ihm herausgegebene Anthologie
Ein seltsamer Freudenmonat
24 Adventsgedichte und 24 Adventsgeschichten

ISBN 978-3-87173-940-8
Copyright © 2012 by RADIUS-Verlag GmbH Stuttgart
Alle Rechte der Verbreitung, auch durch Film, Funk, Fernsehen,
fotomechanische Wiedergabe, Tonträger jeder Art,
auszugsweise erfolgenden Nachdruck oder Einspeicherung
und Rückgewinnung in Datenverarbeitungsanlagen aller Art
sind vorbehalten.
Umschlag: André Baumeister
Gesamtherstellung: CPI, Clausen & Bosse, Leck
Gedruckt auf holz- und säurefreiem Werkdruckpapier
Printed in Germany

Stimme und Gegenstimme im Nachtgespräch über den Glauben	7
Gott erkennen – die Gottesbilder verlieren	15
Das Gebet: ein Dialog?	20
Sünde: ein Begriff der Würde des Menschen	26
Jüngstes Gericht	31
Glaubensbekenntnis	36
Charisma und Komik	41
»Es ist nicht gut, dass der Mensch allein sei!«	52
Das große Mahl	59
Meditation zu Lukas 19,1-10	65
Gesichter der Passion	70
Bibelarbeit zu Matthäus 5,1-12	77
Taufe von Wilma Dorothee	92
Predigt bei der Trauung von Inken Christiansen (evangelisch) und Ingo Socha (katholisch)	98
Der Anfang eurer Freiheit	105
Das Glück, schön gefunden zu werden	110

Erinnern und Vergessen	*116*
Die drei Todsünden Christi	*122*
Der Tanz der Leichtfüße	*128*
Die alte Dame und ihre Geburtsurkunde	*136*
Die Hosen des heiligen Josef	*141*
Die Vernunft reinigt den Glauben	*149*

Stimme und Gegenstimme im Nachtgespräch über den Glauben

»Gewagter Glaube« – In dieser Einleitung verdichte ich Gedanken, wie ich sie gelegentlich von Menschen höre, denen der Glaube schwerfällt. Vielleicht sind es auch Nachtgedanken, wie sie mich selbst überfallen. Glaubensgespräche haben eine lange literarische und theologische Tradition. Meistens dienen sie dazu, den Glauben einleuchtend zu machen und zu verteidigen. Ich will hier nichts verteidigen, vor allem will ich den Glauben nicht verteidigen auf Kosten des Atheismus. Wer, der mit offenen Augen durch die Welt geht, könnte ihm sein Recht absprechen? Wer verstände nicht den Satz von Dr. Rieux aus Camus' *Pest,* den er gegen den Jesuitenpater Paneloux wendet: »…Ich werde mich bis in den Tod hinein weigern, die Schöpfung zu lieben, in der Kinder gemartert werden.« Ja, man versteht diese schmerzliche Würde und die Revolte, die sich gezwungen sieht, ohne den Glauben und ohne Gott zu leben. Aber ich verstehe und versuche auch die Revolte gegen die Absurdität des Daseins; die Revolte, die den Namen Gottes nennt, gerade weil sie die »gemarterten Kinder« und alle Gemarterten dieser Erde nicht aus der Hoffnung entlässt. Unser Glaube wird schwerer, aber er wird auch gereinigt, wenn wir den Blick in den Abgrund der Absurdität wagen. Stimme und Gegenstimme in diesem kleinen Text wollen sich nicht widersprechen, vielleicht eher gegenseitig erläutern. Jede hat ihre Wahrheit.

STIMME: Ich kann nur sagen, lehren, schreiben, was ich zu glauben gelernt habe. Ich habe es gelernt aus der Bibel, aus den Gottesdiensten, aus dem Gebet, aus meinen Irrtümern, aus meinen Niederlagen, aus meinem Glück, aus meiner Schuld, aus der Aufmerksamkeit auf die Opfer. Außerdem glaube ich, weil ich vom Glauben erzähle. Glaubensverkündigung ist auch Glaubenseinübung. Das also sind meine Lernfelder. Ich habe den Glauben nicht als eine objektive Lehre, die mich intellektuell als einleuchtendes System überzeugt. Wenn ich mich als Glaubenden von außen betrachte, bin ich verwundert über mich selbst: Wie kann ich an die Barmherzigkeit Gottes glauben, ohne dessen Wissen kein Haar von meinem Haupt fallen soll, wenn Aggression und Feindschaft ein wesentliches Prinzip der Selbsterhaltung der Natur ist? Beispiel eines Wunders der Schönheit im Dienste der Vernichtung anderer Lebewesen: Das Spinnennetz. Eine Spinne »versteht« ihr Netz so zu bauen, dass das Gebilde als Ganzes intakt bleibt, auch wenn die Fäden an einzelnen Stelle durch schwere Beute oder heftige Winde reißen. Sogar einem Hurrikan kann ein solches Netz standhalten. Das Wunder aber ist gesponnen mit dem Zweck, anderes Leben zu vernichten. Die höchste Zweckmäßigkeit geht mit höchster Aggression zusammen. Welchen Sinn soll das Ganze haben? Seine Zwecke leuchten mir ein, aber sein Sinn? Der 104. Psalm lobt die Herrlichkeit Gottes und seine weise Ordnung. Die Erde ist voll von Gottes Güte, behauptet er. In Wirklichkeit beschreibt er nur die kalte Souveränität einer Natur, die lächelnd Gnade verteilt und kalt lächelnd Leben vernichtet. Der Psalm preist die jungen Löwen, die brüllen nach Raub und ihre Speise von Gott suchen. Diese »Speise von Gott« sind die Lämmer, die in ihrer Todesangst blöken; die Ziegen, die dem tödlichen Biss zu entkommen versuchen. »Es warten alle auf dich, dass du ihnen Speise gebest zur rechten Zeit«, heißt es im Psalm. Für die meisten Lebewesen in der Geschichte ist die Speise »zur rechten Zeit« ausgeblieben, oder sie dienten »zur rechten Zeit« als Speise für andere Kreaturen. Wie verrückt und wahnhaft, verzweifelt oder wie mutig muss jemand sein, der dies mit offenen Augen sieht und dennoch sagt: »Lobe den Herrn, meine Seele!« Ich habe mich zu dieser Verrücktheit entschlossen. Ob ich daran scheitere, das weiß Gott allein. Mir genügt, dass er es weiß.

GEGENSTIMME: Ich antworte mit einer Anzahl von Fragen. Kann es sein, dass der Glaube sich nur mit geschlossenen Augen glauben lässt; mit Augen, die die Vernichtung der Kreaturen und ihren Todesschmerz nicht wahrnehmen? Kann es sein, dass Menschen zwar nicht an Gott glauben, aber an ihren Glauben glauben; an ein Sprach- und Deutungssystem, das ihnen einen Sinn vorspielt, der gefeit ist gegen den Blick in die Abgründe des Lebens? Kann es sein, dass Religion nichts anderes ist als eine Sinnprothese? Kann es sein, dass der Glaube nichts anderes ist als eine erlaubte Feigheit, als ein Selbstschutz vor dem Blick ins Chaos? Ich frage dies nicht bösartig, sondern traurig über meine eigenen Vermutungen. Ich sage nicht mit Georg Christoph Lichtenberg: »Ich dank' es dem lieben Gott tausendmal, dass er mich zum Atheisten hat werden lassen.« Ich bin ein »frommer Atheist«, der weiß, was er verloren hat, den Glauben an Gott. »Der ist ihm abhanden gekommen, und so weiß er, was er nicht hat.« (Herbert Schnädelbach) Es gibt den banalen Atheismus, der nichts weiß, nichts vermisst und Gott keine Träne nachweint. Der »fromme Atheist« weiß, was er verloren hat, und er weint über den Verlust.

STIMME: Niemandem kann man einen Vorwurf machen, der Gott verloren hat und der Religion deutet wie du mit deinen Fragen. Ich vermute, dass man nur predigen und lehren kann, wenn man den Blick in die Abgründe gewagt hat.

GEGENSTIMME: Ich frage weiter: Kann es sein, dass man seinen Unglauben nicht erkennt, weil man gewohnt ist zu glauben? Man kennt die alten Glaubenstexte und Lieder; man geht zum Gottesdienst, und man betet; man lebt mit anderen Gläubigen zusammen und meidet die Ungläubigen. Man lebt also in religiösen Kontexten, die es einem kaum erlauben gottlos zu sein; vor allem jenen nicht, die mit Religion auch noch ihren Lebensunterhalt verdienen. Man lebt in einer Aura von unbedachten Selbstverständlichkeiten.

STIMME: Es gibt übrigens auch die unbedachte Selbstverständlichkeit des Unglaubens.

Aber kann man überhaupt leben ohne die Welt der unbedachten Selbstverständlichkeiten? Man kann nicht immer existentiell sein, und man muss einmal getroffene Annahmen für begründet halten, zumindest auf Zeit, um sich nicht in der eigenen Existentialität zu verstricken und zu erschöpfen. Bestimmte Fragen muss man zumindest vorläufig für beantwortet halten, wenn man in Ruhe existieren will. Es kann ja sein, dass in neuen Krisen die alten Welten erschüttert werden oder gar untergehen. Aber auf Zeit und vorläufig muss man in solchen Welten leben, als gäbe es sie und als hätten sie einen festen Grund. Zur Entscheidung gehört, dass man entschieden ist und dass die Entscheidung nicht jederzeit wieder in Frage steht. Zum Frieden des Menschen mit sich selbst gehört, dass er seine eigenen Entscheidungen gelten lässt. Das ist beim Glauben so, wie es bei der Liebe so ist. Die Entschiedenheit ist das Floß, auf dem die Liebe schwimmt. Ob Stürme kommen, die das Floß in neue Seenot bringen, ist eine andere Frage.

Vielleicht aber gibt es ja jenen reinen Glauben ohne Risse; jenen Glauben, der die Widersprüche nicht kennen und ertragen muss und der mit einfältigem Herzen mit dem Psalm singen kann: »Ich will dem Herrn singen mein Leben lang und meinen Gott loben, solange ich bin.«

Es kann sein, dass der Glaube gelegentlich nur noch aus Handlungen besteht: in die Kirche gehen, aufstehen, knien, sich bekreuzigen, einen Psalmvers in der Nacht aufsagen, einen Vers sagen, wenn ein Notfallwagen passiert, einen Psalm vor dem Frühstück lesen, ein Kind bekreuzigen. Der Glaube ist dann wie eine leere und ausgeräumte Kapelle. Nicht beten, aber in die Maske der Beter schlüpfen. Die Kirche ist noch nicht eingestürzt, aber die Fassade hat sich schon verzogen wie vor einem Einsturz. Karsamstagsglaube, der Glaube schweigt, der Unglaube schweigt oder wird noch nicht gewagt. Gewagter Unglaube, gewagter Glaube.

GEGENSTIMME: Besteht dann der Glaube nur noch aus dem Werk der Selbstbeschwörungen? Das Glaubensbekenntnis als Selbstbeschwörung des Glaubens: Es *muss* doch wahr sein. Wohin kommen wir, wenn es nicht wahr ist? Was wird aus dem Christentum, wenn ich ihm seinen Kern nehme: Christus? Also glaube ich an Christus. Was wird aus dem Leben, wenn ich Gott wegdenke? Also glaube ich an Gott.

Genügt die Selbstbeschwörung? Kann man reden, wenn man weiß, dass man ein Selbstbeschwörer ist? Kann diese Selbstbeschwörung eine Phase des Glaubens sein? Kann man noch aus Angst im Wald pfeifen, wenn man weiß, dass man aus Angst im Wald pfeift? Hilft dann der Pfiff?

STIMME: Aber ist es in der Liebe anders? Es gibt Zeiten, vielleicht sogar Jahre, in denen die Liebe nur noch aus »Handlungen« besteht: jemandem das Frühstück machen, die Fahrkarte für ihn kaufen, ihm die Tür aufhalten, den Abfall entfernen, höflich zueinander sein. Es gibt Zeiten, in denen der Anker der Liebe aus dem Herzen gerissen ist und die Ankerung nur noch in »Handlungen« besteht. Wer sagt denn, dass die Liebe abhandengekommen ist, nur weil man sie nicht mehr spürt? Die gegenwärtige kühle Liebe besteht auch aus dem Gestern, als man sich heiß geliebt hat. Sie besteht auch aus der Hoffnung auf den neuen Morgen, wenn man sich wieder heiß liebt. Man hat kein Recht, in der Gegenwart der kalten Liebe oder des kalten Glaubens zu ertrinken. Es gibt einen Grundfehler: die Heiligsprechung der Gegenwart; dem Tyrannen Gegenwart alle Opfer bringen. Wer sagt denn, dass der Glaube abhandengekommen ist, nur weil man nicht mehr glaubt?

GEGENSTIMME: Aber wie lange kann man den Glauben spielen, ohne sich zu verspielen?

STIMME: Wie lange kann man den Unglauben spielen, ohne sich zu verspielen?

Was trägt eigentlich? Ist das Nest der Liebe und des Glaubens wirklich nur das Herz, die Seele, die Innerlichkeit? Sind die »Handlungen« nicht genauso sehr Retter der Liebe und des Glaubens? Auch das kalte Herz ist ein Herz. Überfordern Jesus und der

Protestantismus das Herz nicht zu sehr? Vielleicht gibt es das ja, dass man aus purer Höflichkeit gegen Gott ihm den Glauben nicht aufkündigt. Immer kann es nicht so bleiben, weder beim Glauben noch bei der Liebe, das ist wahr. Aber es gibt Zeiten, in denen man mit dieser Kargheit auskommen muss.

GEGENSTIMME: Ein verspielter Gedanke? Was würdest du einem sagen, dessen Glaube so karg ist wie meiner? Was sagst du mir?

STIMME: Armut gehört zum Glauben. Dir und mir sage ich: Bete und verlass deine glaubensnarzisstischen Gedanken! Du kannst nicht beten? Dann lass es! Vielleicht doch besser: Du kannst nicht beten? Dann bete!

Es gibt eine Selbstlosigkeit, die sich weder um den eigenen Glauben noch um den eigenen Unglauben kümmert; die betet, in die Kirche geht, die Gesten des Glaubens vollzieht; eine postnaive Einfalt, die den eigenen Unglauben nicht ernst nimmt, ihm mit Humor begegnet; die den Unglauben nicht beweihräuchert, sondern ihn mit Humor ausräuchert.

GEGENSTIMME: Hat der Unglaube das verdient?

STIMME: Hat der Unglaube mehr verdient als der Glaube?

GEGENSTIMME: Hat der Glaube mehr verdient als der Unglaube?

STIMME: Ich frage mich, ob wir beide nicht fasziniert sind vom Leiden und vom Schrecken des Lebens. Es gibt ja nicht nur die großen Untergänge der Welt. Es gibt auch die Sonnenaufgänge, die Lieder der Nachtigall, die Küsse der Menschen, die Schönheit der Musik und den Duft einer Rose. Es gibt die Schönheit einer Mutter, die ihr Kind stillt, und die Güte der Menschen.

GEGENSTIMME: Vergiss dein Spinnennetz nicht!

STIMME: Nein, ich will es nicht vergessen. Aber ich will mich nicht bannen lassen. Der Schrecken des Lebens ist vorlaut, er will das erste und das letzte Wort haben. Das will ich ihm nicht lassen. Es gibt den schwarzen Kitsch; die leichte Kunst, aus dem Leben nur seine Unmöglichkeit und Vergänglichkeit zu lesen. Der Schrecken drängt sich auf, die Güte und die Schönheit muss man suchen. »Geh aus, mein Herz, und *suche* Freud!«, heißt es in dem Lied von Paul Gerhardt, das fast alle noch kennen. Es gehört Kraft und Mut dazu, den Reichtum des Lebens aufzusuchen und »der schönen Gärten Zier« zu schauen. Irritiert dich dieser Reichtum nicht gelegentlich in deinem Unglauben?

GEGENSTIMME: Ich gestehe, zeitweilig bringt er meine Zweifel zum Verstummen. Vielleicht ist das ja eine verborgene Form des Glaubens, das zitternde Lob auf meinen Lippen.

STIMME: Gibt es eine Summe unseres Gespräches?

GEGENSTIMME: Keine Summe, nur unser Gespräch!

Gott erkennen – die Gottesbilder verlieren

Vielleicht wächst die Gotteserkenntnis erst da, wo die Gottesbilder zerbrechen. Vielleicht! Einmal habe ich ziemlich genau sagen können, wer Gott ist und was seine Eigenschaften sind. Ich wusste, als ich jung war, dass er Himmel und Erde erschaffen hat; dass er die Sterne und das Leben der Menschen lenkt; dass er die Guten belohnt und die Bösen bestraft. Ich wusste es nicht allein. Denn so hat es die Welt des Glaubens gewusst, in der ich lebte. Die großen Antworten hat man ja nicht für sich allein. Man findet sie vor und teilt sie mit der Welt, in der man lebt. Diese meine alte Welt war voll von Erklärungen. Es gab keine Widersprüche, und der Zweifel war der Feind des Glaubens. Es gab zwar Fragen, die man nicht beantworten konnte, z. B. warum die Unschuldigen leiden. Aber man wusste, dass Gott sie beantworten konnte, und so waren es keine Fragen mehr.

Die Gebete jener Welt hatten ihre unbefragte Naivität. Man betete um Gesundheit, um gutes Wetter, um das Gelingen eines Examens. Der Glaube an das Gebet wurde nicht erschüttert, wenn es nicht erhört wurde. Denn wir wussten: »Was Gott tut, das ist wohlgetan.« So war es eine Welt des Vertrauens und der Geborgenheit. War es wirklich ein im Glauben geborgenes Leben, das ich da erfuhr? Dafür waren die Ängste zu groß, auch die Angst vor Gott. Ich denke an die Höllenängste, die Menschen gequält haben; an die Angst, nicht zur Schar der Auserwählten zu gehören; an das Opfer als Technik, den eigentlich doch unberechenbaren Gott zu versöhnen. Vertrauen auf Gott und Angst vor Gott hielten sich die Waage. Die Ängste hatten wohl nicht hauptsächlich theologische Wurzeln. Das Brot war noch nicht selbstverständlich wie unter uns heute. Das Leben war karg, und so ist es nicht verwunderlich, dass auch das Gottesbild karg war.

Es kamen andere Glaubenszeiten für die Menschen. Es ging ihnen materiell besser, und so wurde ihr Gottesbild freundlicher. Der Blitz schlug nicht mehr in die Häuser, denn sie hatten Blitzableiter. Missernten verursachten – zumindest in unserem Land – keine Hungersnöte mehr, denn man hatte neue Systeme, Nahrung zu konservieren und zu transportieren. Der Glaube und mit ihm das Gottesbild wurden anders. Man hat nicht mehr oder doch seltener gesungen: »Ach wie flüchtig, ach wie nichtig ist der Menschen Leben!« Die Lieder wuden »positiver« – manchmal in gefährlicher Mühelosigkeit. Das Gottesbild wurde »positiver« – manchmal in gefährlicher Naivität. Unser Glaube und unsere Bilder sind nicht unabhängig von den Zeiten, in denen wir leben, und davon, was das Leben uns antut oder womit es uns beglückt. Wird das Leben freundlicher, wird auch das Gottesbild freundlicher. In der neuen Freundlichkeit verlor das Gottesbild mehr und mehr die Züge eines Herrn, eines Königs und Herrschers. Väterliche, mütterliche, geschwisterliche Züge wurden in sein Bild gezeichnet. Die düstere Idee verblasste, dass die Welt durch ein Blutopfer gerettet werden müsste, die Sühnetheologie verlor ihre Selbstverständlichkeit.

Anderen Zeiten, die mich anders an Gott zu glauben gelehrt hatten! Dazu aber kam mein anderes Lebensalter. Der Gott meiner frühen Jugend war der Vater, von dem man in der eigenen Unmündigkeit alles erwartete. Wir aber wurden älter und stärker, und wir wurden uns unserer Stärke bewusst. Wir sahen uns vor Gott anders, d. h. wir hatten ein anderes Bild von ihm. Wir sahen uns nicht mehr als nackte Spatzenjunge, die auf die göttliche Fütterung warteten. Wir sahen uns als Mitarbeiter Gottes. Wir erkannten die Bedürftigkeit und die Untröstlichkeit Gottes, untröstlich in allen Unglücklichen dieser Welt.

Mit dem anderen Selbstverständnis und dem anderen Gottesbild beteten wir auch anders. Wir beteten nicht mehr darum, dass Gott dies und das tue, sondern dass er uns selbst zu Subjekten des Handelns mache. Unser Gebet von damals verzichtete auf das Wunder. Es sollte uns darauf vorbereiten, Verantwortung für diese Welt zu übernehmen. Die Aktivität Gottes sollte nicht die Aktivität des Menschen ersetzen. Dies alles war richtig. Und doch ist ersichtlich, wie sehr unsere Auffassung von Gott und dem Gebet ein Reflex unserer eigenen Lebenslage war und ist.

Wir wurden älter und pessimistischer (ich verstecke mich in dem allgemeinen »wir«). Mit unseren Arbeiten sind wir nicht ans Ziel gekommen. Nicht dass wir aufhörten zu arbeiten und zu träumen, aber unsere Niederlagen waren größer als das Gelingen. Wir verlernten unsere eigene Unendlichkeit. Und wir wurden frömmer, weil wir uns nach den Niederlagen und im höheren Alter die eigene Bedürftigkeit und Unzulänglichkeit nicht mehr verbergen konnten. Wir kamen nicht mehr mit dem richtigen, unerlässlichen und trostlosen Satz aus: Christus hat keine anderen Hände als unsere. Wir beteten nicht, wie wir als Kinder gebetet hatten: »Gott, mach dies und das!« Aber die Opfer dieser Welt drängten uns dazu, an Gott zu glauben. Wir suchten den starken Gott, der niemanden in eisige Angründe fallen lässt. Wir wetteten darauf, dass Gott lebt, und wussten zugleich, dass man Wetten verlieren kann. Das heißt, wir beten und können dem Atheismus nicht ganz entkommen. Ich sehe sein Recht, das Recht, untröstlich zu bleiben in einer trostlosen Welt. Aber neben dieses Recht stelle ich das Recht und die Würde des großen Sprungs in die Ganzheit, den Sprung in den Glauben. Ich habe gelernt, dass es gute Argumente gegen den Gottesglauben gibt. Aber ich kümmere mich nicht um sie, weil ich niemanden aufgeben will, nicht einmal mich selbst.

Nein, das ist nicht genug. Es gibt im Alter die Unversöhntheit mit der Welt, weil die Blinden noch nicht sehen, die Lahmen noch nicht tanzen und das Recht der Armen noch nicht aufgerichtet ist. Aber gottlob! – man lernt auch neu Gott loben. Man lernt singen: »Geschlagen ziehen wir nach Haus, unsere Enkel fechten's besser aus.« Man verlernt den Schmerz nicht, und man verlernt die Hoffnung nicht. Vielleicht hat dies tatsächlich mit den Enkeln zu tun. Wie könnte man die Hoffnung für die aufgeben, die man liebt! Ich lerne die Hoffnung an ihnen, und ich lerne an ihnen, dass ich nicht Erster und Letzter sein muss: »Unsere Enkel fechten's besser aus.« Vielleicht kann man versöhnter leben und sterben, versöhnter auch mit Gott, wenn man weiß, dass man nicht Letzter sein muss.

Und der Gott im hohen Alter? Ich habe über ihn mehr verlernt als gelernt. Manchmal weiß ich nicht einmal, ob ich an ihn glaube. Nun gut! Dann muss er mit meinem Unglauben leben, er wird damit fertig. Ich habe die Namen für ihn verloren. Ich nenne ihn nicht mehr Vater, Mutter, Herr, Bruder. Wenn ich Namen für ihn suche, fallen mir Bilder wie Quell, Dunkel, Licht, Abgrund, Feuer und Nacht ein. Es sind Bilder ohne feste Umrisse. Ich stelle getröstet fest, wie viele meiner Väter und Mütter diese Bilder Gottes geliebt haben. Ich weiß, dass diese Bilder poetische Annäherungen sind und mehr von Gott verbergen als aussagen. Aber ohne Bilder kann ich nicht leben. Die Frage, ob Gott eine Person ist, lasse ich hinter mir. Aber sprechen und streiten kann ich nur mit einer Person, loben und lieben kann ich nur eine Person. So sind mir die personalen Begriffe ein schwankender Steg für die Sprache meines Glaubens. Und das Gebet aus den Widersprüchen? Es ist mehr Schweigen als Reden.

Wenn ich die Welt und ihre Untergänge nicht verleugnen will, so kann ich mich nicht mehr zu systematischen Aussagen über Gott verstehen. Der Glaube darf die Widersprüche nicht verleugnen, er muss sie retten. Die Erde ist voll von seiner Güte, sage ich, und ich sehe, wie sie rettungslos verkommt. »Hinfort soll keine Sintflut mehr kommen, die die Erde verdirbt«, lese ich in meiner Bibel. In meiner Zeitung aber lese ich, dass die Fluten Hunderttausende ersäufen. Es waren Unschuldige. Aber auch für Sünder wäre es eine harte Strafe für das bisschen Sünde. Nein, es gibt keine Erklärung. Wenn man an Gott glaubt, kann man dem Grauen vor ihm nicht entkommen. Aus einem einzigen Grund kann ich ihm verzeihen: Er hat in Christus unsere Ängste, unseren Schmerz und unseren Tod geteilt. Ohne Christus wäre ich doch lieber Atheist.

Das Gebet: ein Dialog?

Ich bin ein alter Mensch und habe oft über das Gebet geredet und geschrieben. Im Rückblick kommt mir dies alles so leichtzüngig und klugscheißerisch vor. Wir wussten zu gut Bescheid über das Beten. Ich kenne einen einzigen Vorteil des Alters: Das man gelernt hat »Ich weiß es nicht genau« zu sagen, auch in den Dingen des Glaubens. Aber darf man über ein Herzstück des christlichen Glaubens schweigen, nur weil einem die Sprache schwer fällt? »Wenn wir nicht aufhören dürfen zu beten, so darf man vielleicht auch nicht aufhören, vom Gebet zu sprechen. So gut und schlecht davon zu sprechen, wie es einem gegeben ist.« (Karl Rahner) Also auf ins mutige Gestammle zu der Frage: Ist das Gebet ein Dialog!

Nein! Gebet ist im herkömmlichen Sinn kein Dialog. Zum Dialog gehört, dass Menschen sich im Gespräch sehen; dass sie nicht nur die Worte hören, die gewechselt werden, sondern auch die Miene, die Gesten und das Schweigen des Gegenüber wahrnehmen. Gott macht uns das Beten schwer, weil wir ihn nicht wahrnehmen, jedenfalls ihn nicht unmittelbar wahrnehmen, jedenfalls die meisten Betenden nicht. Wir nehmen nicht einmal sein Schweigen wahr, wir nehmen nichts wahr. Wenn ich einen Freund in Amerika habe, mag ich »im Geist« mit ihm reden, aber es ist kein Dialog, weil ich seine Miene nicht sehe, seine Antwort nicht höre. Ich will nicht sagen, dass es meine Freundschaft nicht weiterbringt, wenn ich im Geist mit jenem Freund rede, aber ein Dialog ist es nicht. Ein Dialog wäre es auch nicht, wenn ich mit jemandem redete, den ich sehe, der aber weder mit Worten noch mit Gesten noch mit Blicken auf meine Rede reagierte. Es geschähe in diesem Fall etwas Merkwürdiges: Meine Rede würde stocken. In dem antwortlosen Dialog würde ich mich selbst als Redenden wahrnehmen, und das würde meine Reden verwirren. Die prüfende Reflexion beim Akt des Sprechens ist der Tod der Sprache. Die Rede würde zum Monolog einfrieren. Man würde stammeln und endlich verstummend auf sich selbst zurückgeworfen.

Wenn wir die biblische Tradition befragen, erzählt sie uns an vielen Stellen von unmittelbaren Sprachverhältnissen zwischen Gott und den Menschen. Gott spricht zu Abraham, und Abraham antwortet ihm. Wir erfahren von Rede und Gegenrede zwischen Gott und Mose. Die Propheten hören die Stimme Gottes und vermitteln sie dem Volk. Aber es scheint, dass im Verlauf der Glaubensgeschichte die Erzählungen von der unmittelbaren Wahrnehmung Gottes immer zögernder werden. In der Jesus-Geschichte erscheinen noch Engel, die eine Botschaft Gottes ausrichten. Es wird erzählt, dass Jesus betet und dass er die Frauen und Männer um ihn beten lehrt. Wir hören aber nichts davon, dass Gott ihm antwortet. Gewiss, in der bitteren Stunde am Ölberg soll ein Engel ihn getröstet haben. Aber von einem Dialog, wie Abraham und Mose ihn mit Gott geführt haben, wissen wir nichts. Auch er musste *glauben*, dass seine Gebetsworte nicht in eisige Abgründe stürzen, sondern ein Gehör finden. Je erwachsener der Glaube wird, umso mehr verblassen die unmittelbaren Wahrnehmungen und Sicherheiten. Glauben ist glauben, und nicht sehen, hören, wahrnehmen. Die Glaubenden tanzen ihren Glauben ohne die Sicherheitsnetze der sinnlichen Wahrnehmung. Die Gewissheit, dass Gott unsere Gebete hört, finden wir nur im Beten selbst. Mehr haben wir nicht. Der Glaube hält es aus in der dürftigen Zeichenlosigkeit. Nur die Betenden können die Frage vergessen, ob Gott hört. Man kann nicht schon vor dem Sprung davon überzeugt sein, dass man nicht ins Bodenlose stürzt. Man kann nicht vor dem Beten glauben, dass die Gebete keine Wahnsprache sind und nicht mehr als eine psychologische Selbstwiederholung oder ein Dialog mit sich selber.

Erhört Gott die Gebete? Hören und Erhören hängen im Wortstamm zusammen. Wenn Gott hört, heißt das ja nicht, dass er leidenschaftslos wahrnimmt, was da Menschen stammeln. Das wirkliche Hören ist ein Akt der Liebe, der Teilnahme, des Mitleidens und des Berührtseins von der Stimme, die mich anredet. Erhört Gott? In der Theologie behauptet man leicht, dass Gott die Wünsche der Menschen reinigt und sie auf höhere Weise erhört. Die Menschen wollen aber nicht auf höhere Weise erhört werden. Sie wollen Brot, wenn sie um Brot bitten. Die über 250 000, die im großen Tsunami 2004 umgekommen sind, wollten nicht umkommen, mehr nicht. Viele haben damals vermutlich gebetet und sie sind umgekommen. So ist ihr Ruf verständlich, den schon die Psalmen kannten: Wo bist du, Gott? Warum schweigst du, Gott? Ich rufe zu dir, und du hörst nicht. Christus selbst ist am Kreuz die große Frage in den Mund gelegt: »Gott, mein Gott, warum hast du mich verlassen?« Auch er litt nicht nur seine Folterqualen, er litt am Schweigen Gottes. Es ist eine Sache des Glaubens und nicht der unmittelbaren Erfahrung, dass unsere Gebete erhört werden. Gebetserhörung wird wohl das sein, was wir als Gebetserhörung interpretieren.

Viele rechtfertigen das Gebet, indem sie auf die sichtbaren Gebetserhörungen hinweisen. Ich lese eine amerikanische Untersuchung über den Nutzen von

Religion. Gebetsgruppen begleiten eine Anzahl von Krebskranken, ohne dass diese das wissen. Eine Kontrollgruppe von Patienten mit den gleichen Phänomenen und dem gleichen Leiden bleibt ohne Gebetsbegleitung. Das behauptete Ergebnis: Die im Gebet begleiteten Kranken ertragen ihr Leiden besser und werden häufiger wieder gesund. Also: Religion ist nützlich. Es gibt viele Verzweckungen dieser Art: Wer glaubt, hat einen besseren Schlaf, er übersteht Krankheiten besser und hat mehr geschäftliche Erfolge. Es gibt viele christliche Gruppen, die mit diesen Zweckargumenten für den Glauben werben. Leider erfahren die meisten Betenden, dass ihre Gebete für Zwecke recht ungeeignet sind. Den Glauben mit Zwecken zu rechtfertigen, könnte die Zerstörung seiner inneren Schönheit bedeuten. Jesus jedenfalls ist mit seinem Glauben nicht besser durchs Leben gekommen. Die großen Figuren der Christentumsgeschichte wurden in ihrem Glauben jedenfalls nicht schmerzensfreier, gesünder und schon gar nicht erfolgreicher. Auch in einer solchen Auffassung wird der Sinn in der Zweckhaftigkeit und im Nutzen gesehen. Die Zwecke zerstören die Poesie. Ich benutze für den Glauben lieber eine ästhetische Kategorie. Es ist schön, das Leben nicht stumm zu lassen. Es ist schön, die Stimme im Gebet zum Dank zu erheben, zum Protest, zur Empörung. Es ist schön, im Abendmahl die Nähe Gottes zu den Menschen zu feiern. Ich frage nicht, wie viel Gnade es dabei gibt und wie viel Sünden dabei vergeben werden. Ich will nicht bestreiten, dass das Gebet und die große Aufführung des Glaubens in der Liturgie Folgen haben, die beschreibbar sind. Aber man kann sie nicht wegen ihrer Folgen und wegen ihres Nutzens wollen und praktizieren. Das wäre etwa so zerstörerisch, als wollte ich eine Frau küssen, damit sie mit ihrem Geld rausrückt. Dass dies eine Zerstörung der Poesie des Küssens wäre, sieht jeder ein.

Ein Dialog ist Anteilnahme, er ist nicht nur der Austausch kluger Argumente, jedenfalls wenn wir das Wort Dialog im Zusammenhang mit dem Gebet meinen. Es gibt ein Grunddatum dieses Dialogs, dieser Teilnahme Gottes am Menschen, die Inkarnation. Gott hat sein eigenes Glück verlassen. Er ist Mensch geworden, sagen wir in holpriger Sprache. Er ist auf den Straßen unseres Glücks und unseres Unglücks gelaufen. Er hat die Spur seiner Güte eingeschrieben in diese Welt im Schicksal jenes konkreten Menschen Jesus von Nazareth. Man kann ihn treffen in allen Hungernden, die wir speisen, in allen Gefangenen, die wir besuchen, und in allen Heimatlosen, die wir beherbergen. Man trifft ihn in jedem, der uns Brot gibt; in jeder, die uns Haus und Heimat gibt, und in jedem, der die Ketten unserer Gefangenschaft zerbricht. Dies ist ein Dialog, in dem nicht nur kostenlose Worte getauscht werden, sondern Existenzen: Gottes Existenz, geflossen in unsere eigene; unsere Existenz, geborgen in seiner. Seine Existenz, geboren in unsere, das ist die Erhörung aller Gebete. Wenn dies wahr ist, sind wir gehört und erhört vor jeder Sprache.

Was aber sollen dann noch Gebete? Das Leben findet nicht hinter dem Rücken der Sprache statt, und die Sprache ist eine der großen Lebensschönheiten. Es hat keinen Zweck, aber es ist schön, dass wir das Leben nicht stumm lassen, sondern Gott preisen im Licht des Morgens und in der Dunkelheit der Nacht. Es bringt keinen Nutzen, aber wir werden Menschen, wenn wir unser Unglück hinausschreien und mit dem stummen Einverständnis mit dem Unglück brechen.

Das Beten ist schwer, weil wir alle in unserer Gesellschaft in die Gefangenschaft des Effizienzdenkens geraten sind. Das Gebet in seiner hilflosen Schönheit kann sich nicht rechtfertigen. Nur was Zwecke hat, scheint gerechtfertigt. Das Gebet ist aber auch schwer, weil wir die *Sitten* des Betens verloren haben. Sitten sind die Gehhilfen des Herzens. Und endlich ist das Gebet schwer, weil wir *glauben*, dass es schwer sei. Vielleicht sind wir auch verliebt in das eigene Unvermögen. Am Schluss der kluge Satz von Karl Rahner: »Wenn du meinst, dein Herz könne nicht beten, dann bete mit dem Mund, knie, falte die Hände, sprich laut, selbst wenn dir all das wie eine Lüge vorkommt: Ich glaube, hilf meinem Unglauben!«

Sünde: ein Begriff der Würde des Menschen

Ein Freund von mir war Gefängnispfarrer in New York. Unter den Gefangenen, mit denen er es zu tun hatte, war ein Schwarzer aus Harlem, der seine Mutter getötet hatte. Bei einem Besuch bei ihm wollte der Freund ihn trösten, indem er seine Schuld kleinredete. Er sprach von der Armut, der Arbeitslosigkeit, der Kriminalität in Harlem und sagte dann: »Unter diesen Verhältnissen ist es kein Wunder, dass die Gewalt so nahe liegt.« Der Freund hatte recht. Der Gefangene aber nahm sich ein anderes Recht. Er schrie den Pfarrer an, der es so gut mit ihm meinte: »*Ich* habe meine Mutter getötet, nicht die Verhältnisse.« Der Gefangene bestand auf seinem Recht, Autor und Subjekt seiner Tat zu sein, und nicht nur geschütteltes Objekt der Verhältnisse. Er bestand auf der Würde seiner Schuld. Nach der Nazizeit haben sich viele damit entschuldigt, dass sie nichts machen konnten; dass sie nichts gewusst haben und dass sie nur ein Rädchen im Getriebe des Verbrechens waren. Sie haben sich selber abgesprochen, Subjekte ihrer Handlungen zu sein. Sie haben sich entwürdigt, indem sie sich selbst zu einem Maschinenteil degradiert haben, zu einem Rädchen im Getriebe des Verbrechens.

Ich erinnere mich an eine Gegengeschichte, an eine der infamsten und feigsten Geschichten der Macht, zugleich eine Erzählung, in der ein Mensch zu seiner Schuld steht: Der König David begehrt die Frau des Hetiters Uria, er sorgt dafür das Uria umgebracht wird, dass er die Frau haben kann. Der Prophet Nathan tritt dem König entgegen, und dieser erkennt seine Sünde. Die erstaunliche Größe des Königs: Er weicht dem Urteil nicht aus. Seine Würde besteht nicht darin, dass er nicht gesündigt hat. Sie besteht darin, dass er der Einsicht in sein Verbrechen nicht ausweicht. Er wagt es, sein Gesicht zu verlieren. »Ich habe gesündigt gegen den Herrn!«, sagt er. Er entschuldigt nichts, er vertuscht nichts, er beschönigt nichts. Er wehrt sich nicht gegen das Urteil Gottes und seines Propheten. Er hätte die Stimme Gottes abwürgen und den Propheten töten können, wie es die Macht gewöhnlich tut. Vielleicht ist es das Größte, was einem Menschen gelingen kann, sich vor der eigenen Schuld nicht zu verstecken und wehrlos zu werden vor dem Urteil Gottes und des eigenen Gewissens. Der 51. Psalm, der große Bußpsalm, wird David zugeschrieben und darin die Aussage, dass Schlachtopfer und Brandopfer nichts ausrichten gegen die eigene Schuld, dass Gott aber den »geängsteten Geist« und das »zerschlagene Herz« nicht verachtet. David hat sich sein Herz, sein Ansehen vor sich selbst und vor anderen zerschlagen lassen. Er bricht mit sich selbst, indem er dem harten Satz des Propheten nicht ausweicht: »Du bist der Mann!« Welche Würde, sich die Maske vom Gesicht reißen zu lassen! Gott würdigt die Würde Davids, indem er ihn bestraft. Er vergibt, aber er befreit den König nicht von den Folgen seines Verbrechens. Er lässt ihn leben und lässt ihn neu anfangen, beladen mit der Last seiner Untat. David, der fähig war, gegen sich selbst Partei zu ergreifen, ist ein Gesegneter und ein Geschlagener zugleich. Gott verbilligt nichts, auch nicht seine Gnade. Gott hält uns für mündig, darum auch für strafmündig. Wir sind keine Apparate, wir sind Menschen mit Gewissen und mit der Fähigkeit, unser Leben zu verspielen. Die Wörter Sünde und Schuld sind keine Ausdrücke, die uns erniedrigen. Sie sagen etwas über die Größe und die

Schönheit des Menschen. Je ernster man sich selbst nimmt, umso ernster nimmt man auch seine Sünde und seine Schuld. Darum liebe ich Luthers Lied:

> Aus tiefer Not schrei ich zu dir,
> Herr Gott, erhör mein Rufen.
> Dein gnädig Ohren kehr zu mir
> Und meiner Bitt sie öffne.
> Denn so du willst das sehen an,
> was Sünd und Unrecht ist getan,
> wer kann, Herr, vor dir bleiben.

Man hört diese Art Lieder heute seltener in unseren Gottesdiensten. Wir sind immer schon mit der Vergebung, der Gnade und der Gutmütigkeit Gottes da, ehe unsere Seele durch das Säurebad der Erkenntnis der eigenen Schuld gegangen ist. Könnte es sein, dass wir damit auch die Begriffe Vergebung und Barmherzigkeit kastrieren?

Aber will ich denn wirklich die alte neurotische Schuldkultur, wie sie in unseren Kirchen und vor allem in den protestantischen so oft gepflegt wurde und die viele Menschen ins Unglück gestürzt hat? Nein, ich will sie nicht. Ich will nicht, dass die Sündenlieder die Hauptlieder in unseren Kirchen sind. Ich will keine Kultur, in der die Sünde mächtiger zu sein scheint als Gott. Ich weiß, was sie angerichtet hat, vor allem bei Frauen. Wir entkommen dem Schmerz und der Trauer nicht, wo wir unsere Schuld erkennen und zu ihr stehen. Aber zur eigenen Schuld zu stehen, ist eine Sache des erhobenen Hauptes, nicht einer ständigen Geducktheit, Freudlosigkeit, Lebensunsicherheit und Selbstverachtung. In den Buddenbrooks von Thomas Mann wird die alte Sündenversessenheit ironisiert:

Ich bin ein rechtes Rabenaas,
Ein wahrer Sündenkrüppel,
Der seine Sünden in sich fraß,
Als wie der Rost den Zwippel.
Ach Herr, so nimm mich Hund beim Ohr,
Wirf mir den Gnadenknochen vor
Und nimm mich Sündenlümmel
In deinen Gnadenhimmel.

Es gibt aber nicht nur diese tiefe existentielle Verängstigung durch ein falsches Sündenbewusstsein in unserer Tradition. Der Begriff Sünde wie die Bekehrung des Sünders werden auch zerstört durch eine lyrischzartbittere Allgemeinheit und Abstraktheit. Der kostenlose und oft ausgestoßene Seufzer »Wir sind allzumal Sünder« verheimlicht die Adresse des Sünders, und er lenkt von der eigenen Schuld auf die allgemeine Schuldigkeit ab. Dieses unverbindliche Sündenbewusstsein schützt vor der Bekehrung, denn im großen Chor aller Sünder kann man die eigene Schuld wunderbar verstecken. Ich erinnere mich an eine Diskussion um den Nachrüstungsbeschluss mit der Friedensbewegung am Anfang der 80er Jahre. Das Gespräch fand ein klägliches Ende, als kirchliche Vertreter erklärten: »Wie wir uns auch entscheiden, ob für die Stationierung der Pershings oder gegen sie – wir stehen so oder so unter dem Gesetz der Sünde.« Die mögliche Wahrheit wurde begraben unter dem falschem Argumente: Möglich ist alles und falsch ist alles, weil wir »allzumal Sünder« sind. Die Sünde kann harmlos und verspielt werden, wo ihr die Konkretheit und damit der existentielle Ernst genommen wird. David hat sich vor dem Propheten Nathan nicht damit entschuldigt, dass wir ja alle Sünder sind. Er hat nicht an seine Sündhaftigkeit gedacht, sondern an seine Sünde; an den Mord und an den Raub der Frau. Und so hat er sich nicht vor der Bekehrung geschützt.

Gut, das allgemeine Sündengejammere ist mir fremd. Aber ich zitiere einen Gedanken, den die Frauen und Männer der Mystik immer gedacht haben: Je mehr Menschen die Größe und das Geheimnis Gottes ahnen, umso mehr verbergen sie zitternd ihr Gesicht vor dieser Größe, wie Mose sein Gesicht verhüllt hat, als Gott aus dem brennenden Busch zu ihm sprach. Je mehr Menschen das Herz Gottes ahnen, umso mehr fühlen sie sich unwürdig, unrein und sündig. Nein, dies ist nicht das Hauptgefühl vor dem Antlitz Gottes. Aber es gibt offensichtlich die tiefe Erfahrung, dass wir vor der verzehrenden Heiligkeit Gottes nicht genügen und dass unsere Lippen mit glühenden Kohlen gereinigt werden müssen, bis sie das Lob Gottes singen können. Es ist die eine Wahrheit: Wir sind Gottes nicht würdig; und die andere tiefere Wahrheit: Gottes Gnade überwindet unsere Würdelosigkeit. Die Größe Gottes ist nicht die seiner puren Überlegenheit und Macht. Es ist die Größe der Liebe. Und wer hätte es nicht wenigstens einmal vor einer großen Liebe erfahren: Ich bin nicht würdig, ich bin ein Schuldner vor dieser großen Liebe, und ich werde diese Schuld nicht abtragen können. Wir sind der Liebe Gottes nicht würdig, wie niemand irgendeiner Liebe würdig ist. Vielleicht liegt unsere einzige Würdigkeit darin, dass wir ihrer bedürfen. Unsere Bedürftigkeit ist unsere Würde.

Jüngstes Gericht

Kein anderes Symbol, kein anderer Gedanke hat in der Geschichte der Christenheit so viel Angst und Schrecken verbreitet wie der eines grandiosen Gerichts über den Menschen nach seinem Tod. Es ist der Tag des Zornes, der Dies Irae, wie es in einem alten liturgischen Text heißt, der von Mozart, Verdi, Berlioz, Britten, Cherubini und von vielen anderen Komponisten vertont wurde. Eine Strophe jenes Dies Irae heißt:

Welch ein Graus wird sein und Zagen,
Wenn der Richter kommt, mit Fragen
Streng zu prüfen alle Klagen.

In fast allen alten Kirchen ist jenes Jüngste Gericht dargestellt: Der große Höllensturz der Verdammten ins ewige Feuer und die Aufnahme der Frommen in den Chor der Seligen. Den Schrecken befestigten auch volkstümliche Erzählungen wie etwa die, dass die Verdammten im höllischen Feuer gewendet würden. 100 Jahre braten sie auf dem Rücken, dann wieder 100 Jahre auf dem Bauch. Wie kommt es, dass diese Erzählungen der Qualen so vordringlich geworden sind gegen die Erzählungen des Erbarmens und der Vergebung, von denen die Bibel voll ist? Es liegt wohl daran, dass die Hoffnung, das Gottesbild und die Frömmigkeit der Menschen nicht unabhängig sind von den Lebenslagen, in denen sie sich befinden. Ist das Leben karg, sind das Brot und die Gesundheit nicht selbstverständlich; sterben die Kinder früh und sind die Menschen in ihrem alltäglichen Leben tief verängstigt, dann zeigt sich dies auch als Angst vor Gott. Ist das

Zutrauen zum Leben gering, dann droht auch das Zutrauen zu Gott zu verblassen. Dass unser Gottesbild heute freundlicher ist; dass die religiösen Texte und Lieder fröhlicher und menschenfreundlicher sind (manchmal bis zur Banalität), das hat auch damit zu tun, dass das Leben zu uns freundlicher ist und dass es nicht jeden Augenblick vom Tod bedroht ist, jedenfalls nicht in unserer Ersten Welt. Und so ist es kein Wunder, dass das düstere Dies Irae aus der Totenliturgie verschwunden ist und dass wir in neuen Kirchen keine schrecklichen Gerichtsdarstellungen mehr finden.

Gut! Wir glauben zum Glück heute nicht mehr an eine furchtbare Endabrechnung Gottes. Aber ist damit der Gedanke an das Jüngste Gericht erledigt, und wie könnten wir ihn unter den Bedingungen unseres Lebens verstehen? Was könnte sein humanes Geheimnis sein? Eine erste Überlegung: Wir haben als Menschen ein Recht auf das Jüngste Gericht. Wir haben ein Recht darauf, einmal unverhüllt vor dem Antlitz Gottes zu stehen, wo und wie auch immer – das weiß nur Gott. Es ist eine Gnade, zu erkennen, wer wir sind und was wir waren. Wie alles andere ist es ein Geschenk Gottes, dass wir uns selbst nicht verborgen sind und dass wir uns in allem Gelingen und in allen Winkelzügen durchschauen können. Es gehört zu unserer Würde, vor Gott und vor uns selbst nicht versteckt zu bleiben. Gott verstellt uns den Fluchtweg, den Adam und Eva nach ihrem Fall versucht haben. Wo bist du und wer bist du?, fragt er und rettet uns vor unserer eigenen Feigheit und Dunkelheit. So ist das Gericht seiner Frage und seines Blicks unsere Reinigung und unser Schmerz. Wir entgehen dem Schmerz über uns selbst nicht, wo wir unser Ungenügen, unseren Lebensverrat und unsere Bosheit erkennen; wo wir also ungeschminkt uns selbst gegenübertreten. Jeder, der keine seelische Hornhaut hat; der fähig ist sich zu schämen und sich Würde zutraut, kennt ja die Qual, sich selber als Verräter zu entdecken.

Nein, es ist nicht nur Pein, wenn wir uns selber schutzlos sehen und wenn wir gesehen werden, wie wir sind. Es kommt ja immer darauf an, vor welchen Augen wir nackt sind und gerichtet werden. Ein schlichter Vers aus dem 44. Psalm hilft mir, den richtenden Blick Gottes zu verstehen: »Er kennt ja unseres Herzens Grund.«

Kann jemand mich besser kennen, als ich mich selber kenne? Und will ich, dass mich jemand besser kennt, als ich mich kenne? Es kommt darauf an, von welcher Art diese Kenntnis ist. Kennen und Erkennen können eiskalte Wörter sein: Jemanden erkennungsdienstlich behandeln; ihn so behandeln, dass er belangbar ist; dass er verfügbar ist und dass er in den Fängen eines anderen ist. Das ist nicht die Art, wie Gott den Menschen kennt, obwohl wir ihm gelegentlich solche Bosheiten angedichtet haben. Kennen und Erkennen sind Formen der Liebe. Das Wort Erkennen hat eine erotische Dimension: Adam erkannte sein Weib, und sie wurde schwanger, heißt es am Anfang der Bibel. Vielleicht erkennt uns Gott so in seinem Gericht, dass wir schwanger werden und Leben gebären von seiner Güte. Das Bild und der Gedanke sind schön: Eine Erkenntnis, die nicht nur die Feststellung dessen ist, was der Fall ist; sondern eine Erkenntnis, die Reinheit und Leben schafft. Ja, Gott erkennt uns auch in unserer Bosheit, er ist also nicht ein gemütlicher Onkel, der, wenn er gut gelaunt ist, alles übersieht. Aber er erkennt uns so, dass uns der Atem bleibt. Vielleicht ist es das Schönste, was man sich denken kann, dass ein Mensch, der uns liebt, uns in unseren Schwächen erkennen kann, ohne dass uns diese Erkenntnis vernichtet. Sich in die Erkenntnis eines anderen bergen mit allen Schwächen und Stärken, das hieße, sich lieben lassen. Sich in die Erkenntnis Gottes bergen, ohne Angst, vernichtet zu werden, das hieße, sich von Gott lieben lassen. Dass er »unseres Herzens Grund« kennt, besser als wir ihn kennen, ist keine Drohung. Es ist der ganze Lebenstrost. Das Gericht Gottes als ein Akt der Liebe!

***

»Kürzeste Definition von Religion: Unterbrechung.« (J. B. Metz) Die kürzeste Definition des Gerichtes Gottes: Unterbrechung! Es bleibt im Gericht Gottes nichts wie es ist, und es soll nichts bleiben wie es ist. Was ist der Fall? »Die Unschuldigen werden für Geld und die Armen für ein Paar Schuhe verkauft.« (Amos 2,6) »Sie reihen Haus an Haus und Acker an Acker, bis sie das ganze Land besitzen.« (Jesaja 5,8) Dagegen treten die Propheten auf, die das Gericht Gottes ankündigen. Dagegen tritt Johannes der Täufer auf, und das ist der Maßstab Jesu in seiner Rede vom Weltgericht im 25. Kapitel des Matthäusevangeliums. Es soll nicht sein und es soll nicht bleiben, dass die Hungrigen ohne Brot, die Dürstenden ohne Wasser und die Nackten ohne Kleidung sind. Das Gericht ist die Ansage der Unterbrechung der üblichen Zustände und die Herstellung des Gottesrechts für die Armen. Nein, man bekommt die Weherufe Jesu und der Propheten nicht aus dem Ohr, die gegen die ergehen, die die Fremden nicht aufnehmen und die Gefangenen nicht besuchen. Wer von Gottes Barmherzigkeit spricht, kann seinen

Zorn nicht verschweigen. Wer nur von Gottes jederzeit verfügbaren und kostenlosen Gnade spricht, der »zecht auf Christi Kreide«. So hat es Thomas Müntzer gegen eine billige Gnade gesagt; gegen die, die nur den »honigsüßen Christus«, aber nicht den »bitteren Christus« wollen. Der in El Salvador ermordete Jesuit Ignacio Ellacuria hat zur Gerichtsrede Jesu im Matthäusevangelium gesagt: »Der Hunger dieser Welt ist der Ort Gottes. […] So müssen wir uns als Kirche fragen: Was haben wir getan, um die Armen ans Kreuz zu bringen? Was tun wir, um sie vom Kreuz abzunehmen? Was tun wir, um sie aufzuerwecken?« Was tun *wir*, um sie vom Kreuz zu nehmen? Das Gericht, die große Unterbrechung der natürlichen Verläufe, ist also nicht nur ein Geschehen am Ende der Geschichte und eine Arbeit Gottes. Es ist eine Sache von heute, und es ist eine Sache von uns. Jeder theologische Gedanke ist faul, der nicht zu einer Praxis des Lebens wird; so auch der Gedanke des Gerichts und der Gnade. Gericht heißt Recht schaffen. Dabei will Gott uns als Mitarbeiter. Mit ihm sollen wir die Welt richten; sie zurechtrücken, dass sie ein Ort wird, in dem das Recht Gottes herrscht.

Ich frage mich, ob ich mir nicht selbst widerspreche. Ich habe von den Augen Gottes gesprochen, die uns bergen, wie er Adam und Eva geborgen hat in die Felle seiner Wärme, nachdem sie sich selbst verloren hatten. Dann rede ich in diesem letzten Teil vom Zorn Gottes über die, die seine Armen missachten. Ja, ich will den Widerspruch retten. Ich will weder den Zorn Gottes überhören noch seine Barmherzigkeit unterschlagen. Gerichtsrufe sind Bekehrungsrufe. Gott will nicht den Tod des Sünders, sondern seine Bekehrung. Aber die will er.

Glaubensbekenntnis

Man bekennt seinen Glauben nicht, indem man fast kostenlos und folgenlos einen bestimmten überlieferten Text im Gottesdienst spricht oder singt. Bekennen ist ein Wort aus Gefahrenbereichen. Es richtet sich gegen etwas, es tritt ein für etwas, es kostet etwas. Keiner wird, zumindest in unseren Gegenden, ins Gefängnis geworfen, wenn er das Glaubensbekenntnis spricht. Insofern ist das Bekenntnis, allsonntäglich in unseren Gottesdiensten gesprochen, ein verbilligtes Bekenntnis. Der Unterschied zwischen einem gefährlichen und ungefährlichen Bekenntnis ist schon in der Sprache spürbar: Den Glauben *bekennen* – das Glaubensbekenntnis *sprechen*. Das Wort Sprechen drückt die größere Distanz zum Akt des Bekennens aus. Dies sage ich, um die Bedeutung jenes Bekenntnisses zu relativieren.

Ich habe einen Vorbehalt gegen die unbedingten Befürworter des Glaubensbekenntnisses, ich habe einen Vorbehalt gegen seine unbedingten Gegner. Der Vorbehalt gegen die Befürworter: Sie verkennen, dass alle Glaubensaussagen poetische Annäherungen an die Wahrheit sind. In unsere Aussagen über die Schöpfung, über die Erlösung und über Christus sind unsere Leiden, unsere Wünsche und unsere Ängste eingewickelt. Das macht die Verschiedenartigkeit und die Lebendigkeit eines Bekenntnisses aus. Die Glaubensaussagen verlieren immer da ihre Kraft, wo sie als objektive verstanden werden, zu allen Zeiten und von jedem zu machen, unüberholbar und unberührt von den Zeitläufen und den Schicksalen ihrer Bekenner. Religiöse Sprache ist, wo sie den Namen verdient, eine poetische Sprache, das heißt, dass sie nicht zu hören ist abgelöst von den Sprechenden, von ihren Tränen und von ihrem Jubel. Sie ist gerade keine Einheitssprache, die zu allen Zeiten zwischen Tokio und Lima gilt. Sie ist Auslegung, nicht nur Rezitation eines immer schon Gesagten. Das heißt nicht, dass sie die willkürliche Expression der Gemütslagen von unverbundenen Individuen ist. Wir haben Texte und Traditionen, die unsere Auslegung richten, sie aber nicht beherrschen. In jede Auslegung gehen das Charisma und die Blindheit der Auslegenden ein. Das heutige, in unseren Gottesdiensten gesprochene Glaubensbekenntnis ist also nicht notwendig und es ist nicht entbehrlich.

Warum halte ich es in dieser oder jener Form für nicht entbehrlich? Mein erstes Argument: Es ist so wunderbar alt. Ich weiß – spätestens als alter Mann –, dass Alter nicht für Qualität bürgt. So meine ich nicht die puren Jahre, die das Bekenntnis schon gesprochen wurde. Die Qualität des Textes über seine Qualität hinaus besteht darin, dass so viele Menschen vor uns ihre Hoffnung und Lebensvisionen in diesen Text geschüttet haben. Bonhoeffer hat es im Gefängnis getan; Ita Ford, die Nonne, die in El Salvador ermordet wurde, hat es getan; meine Mutter und mein Vater haben es getan. Wir sind nicht in die Korrektheit des Glaubensbekenntnisses gefesselt, das ist wahr. Aber wir sind auch nicht in die Kärglichkeit unserer eigenen Sprache gefesselt, wenn wir in die Sprache der Toten fliehen. Wir sind Gast in fremden Zelten, Gäste von großen Lebensbildern. Wir sind humorvolle Gäste, die wissen, dass sie in dieser Sprache nicht ganz zu Hause sind. Ich glaube natürlich nicht in korrekter Wörtlichkeit, was das Glaubensbekenntnis sagt. Humorvoll bin ich auch mir selbst gegenüber. Ich, der Mensch des 21. Jahrhunderts, erlaube mir, eine Sprache zu sprechen, erlaube mir, Bilder zu gebrauchen, die nur geliehen sind. Das Glaubensbekenntnis gehört zum Gottesgespräch meiner Toten. Dieses höre ich, in dieses trete ich ein, in dieses schreibe ich ein meine eigenen Wünsche und Hoffnungen. Es sind die großen Gedichte von anderen Generationen, die ich lese. Ich frage nicht, ob sie in allem richtig sind. Und doch trinke ich von einer alten Wahrheit. Ich lasse ihnen ihre Fremdheit und nehme teil an ihrer Wahrheit, an der Wahrheit ihres Hungers nach Gott, nach Hoffnung, nach Gerechtigkeit, nach Schönheit. Mein Gaststatus macht es mir möglich, in den alten Zelten der Hoffnung zu wohnen. Ich gebe also meine eigenen Horizonte nicht auf, und ich beharre nicht auf ihnen, weil auch die mir zu kläglich sind. Ich bin Freigeist mit Wohnrecht an fremdem Ort. Wir sind Freigeister, und uns zwingen keine Formel und kein Buchstabe mehr. Aber wir könnten ehrfürchtige und hungrige Freigeister sein, die wissen, dass sie sich nicht von sich selber ernähren können. Wenn die Toten uns trösten sollen, dann muss man ihnen ihre Rechte lassen, auch das Recht ihrer Sprache. Ich sage es besser mit Chesterton: »Wir müssen der tiefsten und der verkanntesten aller Klassen unserer Vorfahren wieder Stimmrecht einräumen: Wir fordern Demokratie für die Toten! Tradition lehnt es ab, der anmaßenden Oligarchie zufällig heute Herumlaufender das Feld zu räumen.« Der Satz ist aggressiv und reaktionär, aber er hat seine Wahrheit.

Meine Vorbehalte gegen die Gegner des Glaubensbekenntnisses: Könnte es sein, dass auch sie von der Zwangsvorstellung nicht loskommen, dass Glaubensaussagen korrekte Aussagen sein müssen; also nicht poetische Annäherungen an das Geheimnis sind? Sie wollen vielleicht nicht mehr die alte Korrektheit, aber doch ihre neue. Wir sind Spieler, wenn wir unseren Glauben bekennen. Wir sind Spieler in den alten Worten; wir sind Spieler in unseren unzureichenden und unentbehrlichen neuen Worten. Es gibt Landeskirchen, die das Glaubensbekenntnis weglassen, weil sie sich nicht auf eines einigen können. Welcher trostlose Individualismus, der nicht mehr verlangt als die eigene Stimmigkeit bei den Bekenntnissen! Welche Humorlosigkeit, nur noch sich selbst tanzen zu können und bei den Tänzen der Geschwister die Beine nicht zu regen! Ich sage dies natürlich immer unter der Bedingung, dass wir unsere eigenen Glaubenstänze wagen dürfen. Die Formulierung unseres Glaubens ist nicht abgeschlossen. Die Wahrheit Gottes ist nicht abgeschlossen, nicht einmal in der Bibel. Ich höre sie auch im Bekenntnis unserer Toten.

Ich liebe das Glaubensbekenntnis, weil es eine Ansammlung von frechen Unsäglichkeiten ist: Ich glaube an Gott – gegen alle Erfahrung der Absurdität des Lebens. Ich glaube an den Gott, der in Christus unser Menschenschicksal teilt; eine größere Unmöglichkeit kann man sich nicht ausdenken. Ich sage »geboren aus der Jungfrau Maria«, und ich behaupte damit, dass die Rettung des Menschen mehr ist als das Resultat menschlicher Möglichkeiten. Die frechste Bemerkung: Ich glaube an die Auferstehung der Toten, weil ich keinen verkommen lassen will. Das Glaubensbekenntnis ist von rotzfrecher Schönheit. Natürlich spreche ich auch andere und neue Bekenntnisse gern. Grässlich allerdings finde ich, wenn Bekenntnisse in Sagbarkeiten ersticken; wenn sie nicht mehr sagen, als zu sagen ist; wenn sie die große, bis ins Land des ganzen

Glücks ausgreifende Sprache nicht mehr wagen; wenn sie nicht mehr bieten als eine heroische Moral. Und in der Tat habe ich manchmal den Verdacht, dass die Gegner des Bekenntnisses sich der Torheit schämen, die die Rettung der Gedemütigten und das Leben der Toten verlangt. Was sagbar ist, sagen viele. Die Kirche soll die Unsäglichkeiten retten.

Charisma und Komik
Die Stärken und die Grenzen zweier Glaubensweisen

Ich kenne eine Reihe höchst fortschrittlicher Katholiken, die jedes konfessionelle Denken längst überwunden haben, die aber trotzdem von einem gewissen Ressentiment gegen den Protestantismus nicht loskommen. Ich kenne eine Reihe von höchst fortschrittlichen Protestanten, die nur lachen über die sogenannte Trennung der Konfessionen, die aber von ihrer Zurückhaltung gegen den Katholizismus nicht loskommen. Diese Katholiken und Protestanten fühlen sich nicht mehr getrennt, und trotzdem mögen sie den Geruch des anderen Stalls nicht; die Protestanten nicht den der Katholiken, die Katholiken nicht den der Protestanten. Das ist eine Art Trennung auf höherer Ebene; nicht also die alte dogmatische Trennung, in der die einen meinen, sie dürften das Abendmahl nicht bei den anderen nehmen. Diese Trennung ist bei ihnen lange überwunden, und doch: sie können sich nicht besonders gut riechen. Das mag sogar nicht schlecht sein und ein Mittel zur Sicherung der eigenen Identität. Abneigung muss ja nicht immer Feindschaft sein, sie kann auch eine Weise sein, sich selbst nicht in einem Allgemeinen zu verlieren. Über alle dogmatischen Trennungen hinaus gibt es etwas, was ich den Habitus der verschiedenen Konfessionen nennen möchte.

Habitus ist eine lange gewohnte, geübte und eingeschliffene Weise, das Leben aufzufassen und anzugehen. Der Intellekt kommt gegen solche eingebrannten Weltauffassungen nur schwer an. Ein Habitus ist träge, er hält sich lange über die Welten hinaus, aus denen er entstanden ist. Seine Ausbildung hatte einmal theologische Gründe. Aber er ist konstant geblieben, obwohl die theologischen Unterschiede verblasst sind. Die Lebenswelten der Katholiken und der Protestanten sind kaum noch verschieden. Man kann nicht mehr sagen, Protestantismus ist eher ein städtischer Lebensentwurf und Katholizismus eher ein bäuerlich-dörflicher. Die materiellen Lebensbedingungen von beiden sind viel zu ähnlich. Beide sehen fern, benutzen den Computer, sind mobil und reisen, haben in etwa den gleichen Bildungsstand, leben kaum noch in geschlossenen Milieus. Trotzdem hält sich das leichte Nasenrümpfen voreinander. Worin liegen diese Unterschiede, und was macht jenseits aller dogmatischen Fragen die geprägte Eigenart der beiden aus?

Ich nenne als erstes Moment das jeweilige Verhältnis zur eigenen Vergangenheit. Ich stelle es zunächst dar im Verhalten zu den Toten. In der katholischen Tradition, aus der ich ursprünglich stamme, war das Gedächtnis der Toten ein wichtiges Moment des eigenen Selbstverständnisses. Das Tischgebet schloss mit der Bitte um die »ewige Ruhe« für die Toten. Für das Lebensgefühl ist Allerseelen bis heute einer der wichtigsten Feiertage im Katholizismus. Um an Allerseelen an den Gräbern zu sein, kommen die Leute von weit her, auch solche, die sonst wenig mit der Kirche zu tun haben. Die Toten führen und halten die Familien zusammen, nicht nur an diesem Tag. Man versuche nur einmal, vor Allerseelen einen Platz in einem ICE nach München zu bekommen. Da ist die katholische Welt auf dem Weg zu den Toten.

Die Gegengeschichte: Ich hatte einen Freund, einen reformierten Theologen aus Paris, dessen Mutter gestorben und in Südfrankreich beerdigt war. »Du wirst selten an ihr Grab können«, sagte ich zu ihm. Und er empört: »Was soll ich an ihrem Grab? Ich verehre keine Knochen.« Die Gräber auf evangelischen Friedhöfen sind öfter mit Efeu oder Immergrün bedeckt und brauchen kaum eine ständige und intensive Pflege. Die Toten der katholischen Friedhöfe verlangen dauernde Aufmerksamkeit.

Die Stärke des Katholizismus: Es werden die nicht vergessen, die vor uns waren. Man kennt ihre Namen, ihre Geburts- und Todestage. Die Einzelnen sind nie nur sie selbst, weil sie eine Herkunft haben und weil sie ihre Herkunft im Gedächtnis haben in der Aufmerksamkeit auf die Geschichte der Toten. Die Gefahr oder die Schwäche jener Lebensauffassung ist die Bannung der Lebenden durch die Toten. Kulturen, in denen die Toten einen überstarken Einfluss haben, sind meistens konservativ. Es wird erwartet, dass das Leben weitergeht, wie es gegangen ist zur Zeit der Toten. Man soll glauben, wünschen und handeln, wie die Toten geglaubt, gewünscht und gehandelt haben. Die Bannung durch die Toten konnten gelegentlich vor allem Frauen erfahren. In der katholischen Landschaft, aus der ich stamme, haben Witwen ein Leben lang Schwarz getragen. Sich neu zu verheiraten, war natürlich nicht verboten, aber angesehener war es, dem Toten »die Treue« zu halten und allein zu bleiben.

Das Jesuswort »Lass' die Toten die Toten begraben!« spricht sich im Protestantismus, vor allem im Linksprotestantismus, leichter. Er kann seinen Ursprung als Auswanderungsbewegung nicht verleugnen. Bruch, Abbruch, Diskontinuität, Skepsis gegen Überlieferungen sind dort eher denkbar. Nach katholischem Verständnis ist eine glaubensrelevante Überlieferung, »was immer, überall und von allen« angenommen und geglaubt wurde. Ein solches Herkunftverständnis hat der

Protestantismus in einem viel schwächeren Maß. Er vernachlässigt die Überlieferung, um zu ihrem unmittelbaren Ursprung, der Bibel zu gelangen. Das ist ein Moment der Freiheit, weil er jederzeit misstrauisch die Bibel gegen die Überlieferungen wenden kann. Er ist Traditionen weniger ausgeliefert. Aber er ist blind, indem er vergisst, dass die Bibel selbst eine Summe von Überlieferungen ist, manchmal so fragwürdig wie alles andere, was uns überliefert ist. Der Protestantismus kann einem Biblizismus verfallen, indem er nicht mehr misst, woran er misst. Die Idee, dass die Offenbarung Gottes abgeschlossen sei mit der Bibel, könnte ihn taub machen für das Weiterwirken des Geistes. Warum eigentlich sollte die theologische Erklärung der Bekenntnissynode von Barmen weniger geisterfüllt sein als bestimmte Teile der Bibel? Warum sollte der Sonnengesang des Franziskus weniger geisterfüllt sein als das Hohe Lied der Liebe, das Paulus im 13. Kapitel des ersten Korintherbriefes singt?

Zwei Stärken und zwei Schwächen: Die katholische Stärke, den Geist zu lesen in den vielen Stimmen der Überlieferung, seine Schwäche, dem Bann der Toten und ihrer Überlieferung leichter zu verfallen. Die evangelische Stärke, die alten religiösen Häuser, die vom Geist wie vom Ungeist gebaut sind, zu verlassen oder wenigstens mit Misstrauen zu betrachten. Die Schwäche: Die Beschränkung auf einen Ursprung, der selbst zu befragen wäre.

Ich spreche vom protestantischen und katholischen Habitus, von der eingeschliffenen Weise, die Welt zu verstehen. Ich überzeichne natürlich dabei. Es handelt sich ja nicht um wirkliche Unterscheidungen, sondern um besondere Pointierungen und Färbungen in den jeweiligen Glaubensdialekten.

Ein anderer Unterschied der religiösen Stile im Protestantismus und Katholizismus: das jeweilige Verhältnis zur Sinnlichkeit und zu den Inszenierungen der Frömmigkeit. Der Protestantismus ist mitleidlos den religiösen Bedürfnissen der Menschen gegenüber. Seine Wallfahrten enden nicht an Gnadenorten, die bevorzugt sind vor anderen Orten. Protestanten mögen wallfahren, aber mehr Gnadenort als den Weg haben sie nicht. Sie feiern das Abendmahl, aber sie können nie sagen, ab hier und nach dieser heiligen Formel ist Christus zugegen. Sie können nie sagen, dieses Öl oder jenes geweihte Wasser sind von besonderer Heiligkeit. Sie können nie in einer Person eine besondere Unfehlbarkeit vermuten. Sie können ihre Wahrheitsvermutungen nie in das feste System dogmatischer Endgültigkeiten gießen. Ihre Kirchen sind leer, und an ihren Altären gibt es keine Ablässe zu gewinnen. Der Protestantismus ist der Dialekt des Christentums, der entschieden Ernst damit macht, dass dieses auf einen »uranfänglichen Mangel« gegründet ist, auf das leere Grab, wie der französische Theologe Michel De Certeau es ausdrückt. Der Protestantismus, wo er sich selbst ernst nimmt, begütigt nicht. Er kommt den Greifbarkeitsbedürfnissen und den Sicherheitsinteressen, die wir in den Religionen so oft finden, nicht entgegen. Er fordert die ganze Erwachsenheit der Menschen, die es am leeren Ort aushalten. Der Protestantismus ist der Ort der verbotenen Bilder, gemäßigt in seinem lutherischen Dialekt, radikaler bei den Reformierten. Sein Allerheiligstes ist leer wie das leere Grab.

Protestantismus ist schwach in seinen Selbstinszenierungen, er ist bilderschwach. Ich sehe es sofort, wenn ich eine evangelische Kirche betrete. Ich sehe es spätestens am schmucklosen Talar des Pfarrers. Diese Schwäche, die viele Protestanten bedauern, ist seine Stärke; seine unbelohnte Stärke, das ist wahr. Denn im Augenblick wird belohnt, wahrgenommen und gewürdigt, was ins Bild gebracht werden kann. Könnte es sein, dass die Wahrheit durch Buntheit ersetzt werden kann? Das Bild untergräbt die Skepsis und wird zum Argument. »Das Bild lehrt lügen«, sagt der Prophet Habakuk (1,18). Wer die Bilder beherrscht, beherrscht auch die Köpfe. Mit Bildern kann man gigantische Scheinwirklichkeiten errichten. Darum achte ich das Bilderverbot aus dem AT, das in protestantischen Traditionen seine größere Heimat hat. Ich achte die Würde und die Kraft jener religiösen Tradition, die sich weigert, Gott oder die Menschen einzufangen und sich dienstbar zu machen in den Bildern, die von ihnen entworfen werden.

Im 5. Buch Mose heißt es: »Macht euch kein Bildnis! Hebe deine Augen nicht auf zum Himmel, dass du die Sonne siehst, den Mond und die Sterne! Lass dich nicht verführen, sie anzubeten und ihnen zu dienen.« Dies ist ein Freiheitstext der Weltgeschichte. Darum das Lob protestantischer Kargheit und das Misstrauen gegen die Augenschönheiten. In einem bilderskeptischen Text von Dorothee Sölle heißt es:

Ich bin das Geheimnis des Lebens,
du wirst mich nicht entziffern
und verkäuflich machen.
Du wirst mich nicht einteilen
In überflüssig und verwertbar.
Du wirst meinen Namen nicht an dich reißen,
um deine Macht zu vergrößern.
Du wirst meine Kraft spüren
Jenseits der Bilder und hinter den Namen.
Du wirst mich nicht verraten.

Der Protestantismus ist der Ort der kargen Zeichen und Bilder. Die Bilderskepsis aber kann selbst zur Ideologie werden. Vor einiger Zeit gab es einen Konflikt in einer reformierten Gemeinde in der Schweiz. Die Pfarrerin wollte einen Lichterbaum aufstellen, wie wir ihn aus vielen Kirchen kennen. Mit dem Satz »Wir sind doch nicht katholisch« wurde ihr Wunsch abgeschmettert. Aber, so wird der Katholik den Protestanten fragen, kann der Mensch ohne Bilder leben? Die Hoffnung und die Liebe kommen nicht mit den Sagbarkeiten aus, sie fliehen ins Bild, sie führen sich auf.

Die Inszenierungen sind die Stärke des Katholizismus. Ich lese noch einmal das Beispiel des Lichterbaums, den die reformierte Pfarrerin aufstellen wollte. Was tut ein Mensch, der dort eine Kerze aufstellt? Vielleicht hat er ein besonderes Glück erfahren, vielleicht hat ihn ein besonderes Unglück getroffen. Er inszeniert sein Glück oder sein Unglück. Er birgt es in einen kleinen Tanz. Er geht in die Kirche, er nimmt eine Kerze, er steckt sie an, er sieht sie brennen, er steckt seine Wünsche und seine Gebete in die Flamme. Er kehrt sein Inneres nach außen. Seine Wünsche bleiben nicht in seinem Herzen verborgen, sie werden auch nicht nur in einem Gebet gesprochen. Sie werden Form und Geste, sie werden Bild, Szene und Darstellung. Die Form bringt den Menschen intensiver ans Tageslicht als das reine Wort. Das Bild bildet den Menschen, es macht ihn klarer. Keine Innerlichkeit kommt auf Dauer mit sich selbst aus. Was nicht Form, Szene und Bild wird, ist in der Gefahr, blass zu bleiben.

Die religiöse Welt des Katholizismus ist voller Formen und Szenen. Das ist ihre Kraft und ihre Gefahr. Denn nicht nur der Geist will Szene werden, sondern auch die fragwürdigen Geister drängen auf die Bühne.

Ich denke an die Inszenierungen der Autorität, die ich im römischen Katholizismus finde; an all die bunten Kleider, Hüte, Schuhe, die die Autoritäten schmücken; an all die Rituale, mit denen sich Macht darstellt und sich einleuchtend macht in der Darstellung. Das Bild lehrt lügen! So braucht der Katholizismus das bilderskeptische Charisma des Protestantismus, der Protestantismus die inszenatorische Kraft des Katholizismus. Und so wird der Katholik eher zu Hause sein in seiner bilderfreundlichen Umgebung, der Protestant in seinem kargen und unverspielten Haus: Zwei Herkünfte, zwei Begabungen und zwei Macken.

Als weiteren Unterschied in der religiösen Färbung der Konfessionen nenne ich die alltagspraktische Bedeutung der Religion. Der Katholizismus war massiv – und ist es abgeschwächt immer noch – ein alltagsinteressierter religiöser Entwurf. Das beste Beispiel dafür ist, welche Aufmerksamkeit das Wetter in dieser religiösen Welt hatte. Gab es ein gefährliches Gewitter, hat man eine Kerze vor dem heiligen Judas Thaddäus angezündet. Man kannte den Wettersegen, die Bittprozessionen bei anhaltendem Regen oder langer Trockenheit. Es gab die dreitägigen Feldprozessionen vor Christi Himmelfahrt. Diese Prozessionen waren beinahe so wichtig wie die Messe. Ganze religiöse Branchen starben übrigens mit der Erfindung des Blitzableiters und der Kühl- und Lagerungssysteme.

Ein anderes überzeugendes Beispiel für diese pragmatische Religiosität ist die Bedeutung der 14 Nothelfer in der Volksfrömmigkeit: Der hl. Aegidius als Helfer der stillenden Mütter; die hl. Barbara zuständig für Blitz- und Feuersgefahr; der hl. Blasius zuständig für Halsleiden; Dionysius zuständig bei Kopfschmerzen und Erasmus bei Leibschmerzen; die hl. Katharina zuständig bei Sprachschwierigkeiten. Man denke an die sakrale Kunst und die häufige Darstellung der Nothelfer. Vierzehnheiligen in Oberfranken von Balthasar Neumann ist die Kirche der Nothelfer. Es gibt eine Reihe von Nothelfer-Kapellen in katholischen Gegenden. Zumindest der alte Katholizismus war eine Welt der Begehung und des gekonnten und gehandhabten Wissens; die Welt einer sehr praktischen Theologie.

Die unterschiedliche Bedeutung der Alltäglichkeit zeigt sich in der unterschiedlichen Bedeutung des Segens. Evangelischer Segen ist, verkürzt gesagt, der Zuspruch der Rettungstat Christi. Der katholische Segen wurzelt stärker im Schöpfungsgedanken und meint das Wachsen und Mehrenlassen, wie wir es im Alten Testament finden. Die Protestanten sind zurückhaltend den sogenannten Realbenediktionen gegenüber; d. h. sie segnen nicht gerne Autos, Pferde, Wasser, Früchte, wie es die Katholiken bedenkenlos tun. Die Stärke des Katholizismus: Die Religion wird kräftig und bedeutsam, weil sie drastisch mit den alltäglichen Nöten und dem alltäglichen Gelingen des Lebens zu tun hat. Natürlich gibt es dabei die Gefahr, dass der Glaube nur noch religiöse Handhabung und Pragmatik ist und dass Religion sich in Zwecken erschöpft.

Ich komme noch einmal auf die Heiligen und ihre Bedeutung im Katholizismus zurück. Es sind zwielichtige Gestalten. Am besten, man fragt zuerst, wer sie heiliggesprochen hat. Sehr schnell wurde von Rom Josémaría Escrivá heiliggesprochen, der Gründer von Opus Dei, jener ultrakonservativen katholischen Gruppe. Seine unbedingte Ergebenheit dem Papst gegenüber, seine asketische Weltauffassung und der von ihm geforderte totale Gehorsam passten ins päpstliche Weltbild. Eine Heiligsprechung ist immer mit Interessen und Optionen verbunden. Von den Gläubigen in El Salvador, nicht aber von Rom, wurde Oscar Romero heiliggesprochen. Er war jener Bischof, der die Armen verteidigte und sich gegen die Mörderbande der damaligen Militärjunta gewandt hat und während einer Messe umgebracht wurde.

Die Katholiken sagen, dass die Heiligen vor Gott für uns eintreten. Bei diesem Gedanken wittern die Protestanten am ehesten Unrat. Wenn man ihn interpretiert und ihn nicht in seiner kruden Wörtlichkeit nimmt, ist der Gedanke sehr schön. Er sagt, dass wir alle von einem Grund leben, den wir nicht selbst gelegt haben. Das Leben jener Toten ist in einen Wurzelgrund gesunken, von dem wir alle leben. Der Katholizismus weiß besser, was Gemeinschaft der Heiligen bedeutet. Nein, wir brauchen keine Heiligen als Mittler zwischen Gott und Mensch, sagt der Protestant, und er hat recht. Ja, wir leben von mehr Broten, als wir selbst gebacken haben, sagt der Katholik, und er hat recht. Wir sind nicht nur wir selber. Wir sind ernährt von dem Lebensgelingen, dem Mut und der Entschiedenheit unserer Väter und Mütter im Glauben. Unsere Wurzeln reichen tief bis in ihr Leben und bis in ihren Tod. Wem dieser Gedanke zu mystisch ist, der könnte ihn wenigstens schön finden, und das ist schon katholisch genug.

Ich wage ein vorsichtiges Resümee: Alle Unterscheidungen zwischen den Konfessionen, die ich genannt habe, ähneln sich in einem Punkt. Katholiken verstehen sich stärker aus Zusammenhängen. Ihr Glaube ist nicht nur in ihrem Herzen verankert. Sie lesen ihn in ihren Traditionen. Sie lesen ihn den Toten von den Lippen. Sie lesen ihn aus den Inszenierungen und Formen. Sie suchen ihn bei ihren Heiligen. Ihr Glaube erlaubt sich die kleinen Fluchten in die Tradition, die Formen und zu den Heiligen. Natürlich gibt es keinen Protestanten, der ohne solche Delegation in Tradition und Form auskommt. Aber diese spielen eine geringere Rolle, und ihnen ist im Protestantismus leichter kündbar.

Die Subjektivität der Glaubenden hat im Protestantismus ein anderes Pathos. Die Unmittelbarkeit des Menschen zu Gott, Gewissen, Vernunft, der Glaube des eigenen Herzens, Mündigkeit und Freiheit sind betont. »Wo Freiheit ist, da ist Protestantismus. Gibt er die Freiheit auf, dann wird der Protestantismus verschwinden«, schreibt Jürgen Moltmann. Könnte man diese Sätze bei katholischen Theologen finden? Natürlich findet man sie auch dort. Aber geläufiger und eher erwartet sind sie bei Protestanten.

Ich habe das kindische Spiel längst aufgegeben, Protestantismus und Katholizismus, diese beiden Spielarten des Glaubens, gegeneinander auszuspielen. Im Talmud heißt es: »Die Sprache des einen und die Sprache des anderen ist die Sprache des lebendigen Gottes.« Und der jüdische Philosoph Levinas: »Die Sprache Gottes ist eine mehrzahlige Sprache.« Unsere Verschiedenheit ist unser Reichtum, nicht unser zu behebender Mangel.

»Es ist nicht gut, dass der Mensch allein sei!«
Genesis 1,18

Ich bin in engen Verhältnissen mit vier Geschwistern aufgewachsen. An ein eigenes Zimmer war nicht zu denken, lange Zeit auch nicht an ein eigenes Bett. Man war immer in der Wärme und unter den Augen von anderen. Ich kann mich nicht daran erinnern, dass ich besonders daran gelitten habe, nicht für mich sein zu können. Es war in der engen Zeit einfach kein Ideal, ein eigenes Reich, eine eigene Zeit und einen separaten Ort zu haben. Die erzwungene Sozialität war ja nicht nur ein unentrinnbares Gefängnis. Sie war auch Trost und Geborgenheit. Später war ich in einem Internat, und wir haben – ich weiß es nicht genau – zu 10 oder 20 in einem Schlafsaal geschlafen. Wir haben unsere Schularbeiten in großen Räumen gemacht, in denen 20 oder 30 Schüler hockten und studierten. Ich war danach in einem Kloster, und erst zwei Jahre nach dem Eintritt bekam man eine eigene Zelle. In den entscheidenden Jahren meines Lebens hatte ich nicht gelernt, allein zu sein, und so habe ich es nie richtig gekonnt. Man kann ja nur, was man einmal gelernt hat. Bis heute bin ich nicht gerne allein. Besser so: Ich bin gerne allein, wenn alle da sind. Dann bin ich gerne in meinem Zimmer, arbeite, lese oder höre Musik. Vielleicht hatte ich das große Glück, dass die anderen nie meine Feinde waren, ich also nie unbedingt von ihnen weg wollte. Die Einsamkeit musste nie mein Fluchtort sein vor der Gefährdung durch die feindlichen anderen.

Ich habe also nie gelernt und halte es bis heute nicht für ein Ideal, die Sonntage allein zu verbringen, allein in Ferien zu fahren, allein ins Kino oder in eine Ausstellung zu gehen. Ich tue es gelegentlich, sogar mit Vergnügen. Aber das Vergnügen liegt daran, dass es Ausnahmesituationen sind und dass ich jederzeit zur Normalität mit den anderen zurück kann. Fehlt mir etwas, wenn ich die Kunst nicht beherrsche, einsamer Gast in meinem eigenen Leben zu sein? Ich glaube nicht. Allein bin ich mir zu klein. Ich sehe mehr, wenn ich mit anderen in einen Film oder eine Ausstellung gehe. Ich höre weniger, wenn ich allein Musik höre. Die Bibel hat recht mit ihrem Spruch: »Es ist nicht gut, dass der Mensch allein sei!« Es gibt Menschen, die die Kunst beherrschen, lange allein zu leben, ohne sich in sich selbst zu verstricken und ohne schnurrig zu werden. Ich kenne einige davon und achte sie. Ich selber kann es nicht. Ich will es auch nicht können, so lange ich es nicht können muss.

Benedikt von Nursia, der Verfasser der Benediktinerregel, unterscheidet verschiedene Arten von Mönchen. Die Liebsten sind ihm die Zönobiten, jene also, die in einer klösterlichen Gemeinschaft leben und »dienen unter Regel und Abt«. Von anderer Art sind die Einsiedler. Er bewundert sie, aber offensichtlich liebt er sie nicht. Einsiedler soll erst werden, wer »durch die Hilfe vieler hinreichend geschult ist« und wer sich im klösterlichen Alltag bewährt hat. Kein Einsiedler also, der nicht vorbereitet ist »für den Einzelkampf in der Wüste«! Die Gemeinschaft und das lange Leben dort also sind die unerlässliche Vorbereitung für die Existenz in den Lebenswüsten. Von den Einsiedlern werden heldenhafte und überflüssige Kämpfe berichtet. Der Satan verfolgt sie auf Schritt und Tritt. Er macht ihre Arbeit zunichte, vor allem aber versucht er, sie – meist in der Gestalt schöner Frauen – zur Sünde des Fleisches zu verführen. Das hätten sie sich sparen können, wenn sie in ihrem Kloster geblieben wären. Gemeinschaften bannen die Furien (wenigstens insofern sie nicht selber Furien sind). Die Trauergeister und die Angstgeister sind machtloser, wenn man Menschen hat, mit denen man zusammenlebt. Die besten Dämonenaustreiber sind die Menschen, mit denen man Tisch und Bett teilt.

Ich habe nun die »zönobitische« Lebensweise, das mit anderen geteilte Leben gelobt. Aber auch dieses hat seine Fallen. Wer nicht allein lebt und nicht allein leben kann, muss sich anpassen. Man kann nicht dicht mit anderen leben, sei es in der Familie oder in einer anderen Form einer Lebensgemeinschaft, ohne sich anzupassen und ein Stück von sich selbst zu lassen. Ich meine damit nicht nur die äußeren Rücksichten, die man aufeinander nehmen muss, damit das Leben lebbar bleibt. Es ist auch eine innere Anpassungsleistung gefordert. Ich denke an das dichte Zusammenleben in meiner Kindheit und Jugend. Es gab den Zwang der Gruppe, innerlich beieinander zu bleiben; dieselben Lebensabsichten und Vorlieben zu haben; dieselben politischen und religiösen Optionen zu haben. Man kann nicht zusammenleben und in wesentlichen Punkten uneins sein, und so wird man »gleichförmig«, innerlich und äußerlich. Man wird voneinander abhängig. Einander zu brauchen, nicht ohne den Trost der anderen leben zu wollen und auf die eigene Autarkie zu verzichten, ist Lebensschönheit und Stärke. Aber wenn man denken, glauben und leben muss, wie die anderen denken, glauben und leben, dann ist die Gruppe zum Gefängnis des Geistes und des Gewissens geworden. Die erduldete Einsamkeit, die Fähigkeit allein zu sein, befähigt dazu, ein Mensch mit eigener Entscheidung, Weltansicht und Lebensweise zu sein. Ich kann mir Dietrich Bonhoeffer nicht vorstellen ohne den Hintergrund seiner Familie und deren Traditionen, also ohne »Zönobium«; ich kann mir ihn nicht vorstellen ohne seine großbürgerliche Chance – banal gesagt –, ein eigenes Zimmer zu haben, d. h. die Möglichkeit und die Fähigkeit, allein zu sein. Es kommt vermutlich kein Gewissen ohne Einsamkeit und ohne den Schmerz des Alleinseins aus.

Wohl kaum jemand kommt in seinem Leben ungeschoren am Schrecken der Vereinsamung vorbei. Spätestens im Alter holt er einen ein. Vereinsamung: Man versteht das Verhalten und die Denkweisen der Jüngeren nicht mehr oder nur schwer. Sie teilen kaum noch den eigenen Glauben und die Lebensoptionen, die einen getragen haben. Man versteht nur schwer ihre Musik und ihren Kunstgeschmack. Wir sprechen in einem tiefen Sinn nicht mehr dieselbe Sprache. Im Alter spürt man, dass die eigene Welt untergegangen ist, man vereinsamt in der neuen Welt, so freundlich sie vielleicht zu uns Alten ist. Wenn das Leben gut zu uns war und wenn uns ein Schimmer von Weisheit gelungen ist, dann wird man nicht dem Schmerz entkommen, aber vielleicht der Bitterkeit. Man kann sehen, dass unsere eigenen Welten nicht einzigartig waren. Man kann nicht ohne Schmerz, aber mit Humor im Exil seines Alters leben. Man muss sich nicht krampfhaft jung machen, um noch zur neuen Welt zu gehören, und man könnte die Torheit des Alters vermeiden, die eigene Welt zum Diktat der anderen zu machen. Die Kraft der Entsagung wäre uns Alten zu wünschen, d. h. sich den neuen Welten nicht anzubiedern, aber auch zu erkennen, dass unsere eigenen Welten nicht die besten aller Welten waren; dass also auch wir Fragment und damit zum Untergang bestimmt sind. Nur so kann man versöhnt mit den Bürgern der neuen Welt bleiben, zu denen wir selbst nicht mehr gehören. Ich muss nicht mehr ein Hiesiger und Heutiger sein. Das sage ich mir und behalte damit meine Freiheit und die Freiheit der anderen. Ein Beispiel: Ich habe noch nie Kaviar gemocht, ihn auch noch nie gegessen, was vielleicht ein Hauptgrund dafür war, dass ich ihn nicht mochte. Maultaschen waren mir immer lieber (obwohl die Maultaschen heute auch nicht mehr das sind, was sie einmal waren!). Nun wollte mir auf meine alten Tage noch ein junger Freund den herrlichen Geschmack von Kaviar beibringen. Als ich mich weigerte, schalt er mich einen sturen alten Mann. Das hörte ich mit Vergnügen. Ich kann ich bleiben. Ich muss nicht mehr in die Welt des Kaviars einziehen, und ich muss anderen den guten Geschmack nicht absprechen, weil sie Kaviar lieben (obwohl Maultaschen natürlich besser sind als Kaviar!). Was wäre es für eine Freiheit und ein Glück, wenn alle darauf verzichten könnten, sich für einmalig und einzigartig zu halten!

Das Alter ist jedem von uns zugemutet (sofern er nicht früh stirbt). Es gibt andere Situationen der Vereinsamung, die nicht alle in gleicher Weise treffen. Eine Ehe zerbricht, jemand ist trostlos allein. Eine Lebenspartnerin stirbt, und das ist mehr als der Weltuntergang des Alters. Schlimm ist, dass der Mensch, den man geliebt hat und der der Reichtum des eigenen Lebens war, nicht mehr da ist. Schwirig ist aber auch, dass die alten Geläufigkeiten des Lebens damit zerbrochen sind. Man hatte miteinander feste Zeiten des Essens, des Trinkens, der Arbeit, der Besuche der Freunde. Das Leben hatte Konturen. Sie zerbrechen zunächst mit dem Tod des Menschen, mit dem man gelebt hat. Auch hier geht eine alte Welt unter. Gerade aber wenn man allein ist, kommt man nicht ohne Geläufigkeiten und feste Gewohnheiten aus. Geläufigkeiten können einen verdummen, natürlich! Aber sie schützen auch die Seele. Gerade wenn die Selbstverständlichkeit des Lebens zerbrochen ist, muss man an äußeren Selbstverständlichkeiten und Absehbarkeiten bauen, um die innere Selbstverständlichkeit wieder zu finden. Als ich noch Lehrer an der Hamburger Universität war, hatte ich immer wieder mit Studierenden zu tun, die allein waren und in Einsamkeitskrisen gerieten, besonders übrigens in den Semesterferien, wenn ihr Leben nicht mehr gehalten waren von den Rhythmen des Studienalltags, von Seminaren, Vorlesungen und dem universitären Alltag. Die innere Einsichtigkeit brach zusammen, wo kein äußerer Rhythmus sie hielt. Diese jungen Menschen besuchten mich einmal in der Woche, und wir trafen bescheidene Abmachungen, die ihre Tage gliederten. Wir legten miteinander fast legalistisch fest, wann genau sie aufstehen; wann sie einen Spaziergang machten; wann sie ein Gedicht lasen; wann sie eine bescheidene Arbeitszeit beachten sollten. So bauten wir von Woche zu Woche eine kleine Form und damit erkennbare Abläufe. Sie bauten sich von außen nach innen. Sie fanden sich in der äußeren Ordnung gezeichnet und gegliedert. Diese Menschen ließen sich auf Grenzen ein und fühlten sich damit nicht mehr verschlungen vom Meer ungegliederter Zeitlosigkeit. Tag und Nacht wurden unterscheidbar, Sonntag vom Alltag, Arbeitsecke im Zimmer von der Freizeitecke. »Halte die Ordnung, und die Ordnung wird dich halten!« haben wir früher bis zum Überdruss gelernt und gegen diesen Satz revoltiert (falsche Ordnungen zu zerbrechen gehört zur Fähigkeit, Ordnungen zu wollen). Aber der Satz stimmt, er stimmt überall, aber besonders dort, wo Menschen mit ihrer Einsamkeit fertig werden müssen. So wie es die Versklavung des Menschen durch das Zeremoniell und ein totes Ritual gibt, so gibt es die Versklavung durch die Formlosigkeit und die Gefangenschaft im unbezeichneten leben. Das Alleinsein ist ja oft eine wilde Bestie, die man mit vielen Tricks zähmen muss.

Das große Mahl
Nach Lukas 14,15-24

Ein Mensch plante ein großes Mahl und lud viele Freunde ein. Er schickte seinen Knecht, den Geladenen zu sagen: Kommt, es ist alles bereit! Sie aber entschuldigten sich. Der Erste so: Ich habe einen Acker gekauft und muss gehen, ihn zu besehen. Entschuldige mich! Der Zweite so: Ich habe fünf Gespanne Ochsen gekauft, ich gehe, um sie zu besehen. Entschuldige mich! Der Dritte so: Ich habe eine Frau genommen, darum kann ich nicht kommen.

Da wurde der Gastgeber zornig, und er sprach zu seinem Knecht: Geh schnell hinaus auf die Straßen und Gassen und führe die Armen, Verkrüppelten, Blinden und Lahmen herein!

Der Knecht kam zurück und sprach: Herr, es ist geschehen, wie du befohlen hast, aber es ist immer noch Platz. Der Herr und Gastgeber sprach zu dem Knecht: Geh hinaus auf die Landstraßen und an die Zäune und nötige sie hereinzukommen, mein Haus soll voll werden. Aber keiner der Männer, die eingeladen waren, wird von meinem Abendmahl schmecken.

Es waren wohl Protestanten
Ein offensichtlich reicher Mann lädt zu einem Essen ein. Ein Fest von orientalischer Fülle ist geplant: Ochsen werden geschlachtet, Brote werden gebacken, und der Wein soll fließen. Die Knechte tragen die Einladung an die Freunde und Gleichgestellten aus, und alle sagen ab. Die Absage des Letzten ist verständlich: Er hat eine Frau genommen, und ihn reizt Schöneres als

Lämmerbraten. Aber die beiden anderen? Gott vergebe ihnen! Sie wollen arbeiten, statt zu feiern und zu essen: Der eine muss seinen Acker besichtigen, der andere sein Ochsengespann. Es waren wohl Protestanten, die ihre Arbeit höher schätzten als das Fest. Katholiken hätten vermutlich Ochsen Ochsen sein lassen und Acker Acker. Sie hätten sich die Lippen geleckt und wären zum Fest gegangen. Zwar kommen diese protestantischen Festveräachter weiter im Leben. Sie werden noch mehr Ochsen erwerben und Acker an Acker fügen. Aber sie werden die köstlichen Nutzlosigkeiten verpassen: das Fest, die Musik, das Essen und das Trinken.

Das Schönste kennt keine Zwecke
Merkwürdig, wie oft das Reich Gottes mit einem Mahl verglichen wird. Man kann es zwar verstehen, dass in kargen Zeiten die Menschen von einem Reich träumen, in dem es endlich genug zu essen gibt und keiner mehr Hunger leidet. Aber das ist nicht der ganze Grund. Satt zu werden allein macht den Reiz des versprochenen Mahles nicht aus. Nicht der volle Bauch ist versprochen (obwohl auch das schon viel ist für Hungerleider), sondern – ich sage es in einem ästhetischen Begriff – Schönheit: Musik, versöhntes Zusammensein von Menschen, feiern, besondere Kleider und schließlich Essen und Trinken. Das Mahl rechtfertigt sich nicht mehr durch seine Zwecke, etwa dass es Menschen zu neuer Arbeit stark macht. Die Schönheit braucht keine Rechtfertigung. Das Beste im Leben hat keine Zwecke. Die Küsse und Umarmungen haben keine Zwecke; die Blumen, die mir jemand schenkt, haben keine Zwecke; die Musik und die Gedichte kennen keine Zwecke. Sie sind Selbstdarstellungen des Lebendigen. Sie sind Fest.

Die ungleichen Geladenen
Der Gastgeber ist reich. Er hat Knechte und er kann sich erlauben, ein verschwenderisches Fest zu geben. Wen lädt er ein? Zunächst wohl Seinesgleiche: sie haben Äcker, sie haben Ochsengespanne, sogar 5 neue Gespanne hat sich der eine zugelegt. Eingeladen sind, die dem Einladenden würdig sind, würdig durch gleiches gesellschaftliches Ansehen, durch Freundschaft oder durch verwandtschaftliche Beziehungen. Die Auswahl ist verständlich. Dann aber kommt die zweite Einladung. Die Geladenen tragen den Grund für die Einladung nicht in sich selber. Es ist der bunte Haufen von der Straße und von den Zäunen. Warum werden sie geladen? Weil sie das Fest im unfestlichen Leben am nötigsten haben. Sie können es sich nicht erlauben, eine Einladung auszuschlagen. Sie haben keine Äcker und keine Ochsengespanne, die sie prüfen müssen. Ich vermute, dass der Herr des Gastmahls ein listiger Bursche ist. Er lädt die Unwürdigen nicht nur ein, weil die Würdigen nicht kommen. Er scheint ein Anarchist zu sein, der das Lumpenpack von Anfang an im Auge hat. Die ehrbaren Leute versäumen das Fest. Das Gesindel lässt die Puppen tanzen.

Die geduldeten Eindringlinge
Einmal habe ich mit einem Freund – wir waren noch Studenten – eine Wanderung durch das obere Donautal gemacht. Wir hatten kaum Geld und waren nach 14 Tagen abgerissen und hungrig. Wir kamen durch ein Dorf, in dem eine große Bauernhochzeit gefeiert wurde, und da sahen wir unsere Chance. Wir schlichen uns ein und mischten uns unter die Esser und Trinker. Braut und Bräutigam sahen uns erstaunt an, als wir artig gratulierten. Vielleicht hielten sie uns für arme und

abgerissene Verwandte. Vielleicht wussten sie, dass wir Schnorrer waren. Jedenfalls ließen sie uns essen und trinken und sogar tanzen. Und am Ende stahlen wir uns mit einem Stück Braten davon. Wir konnten die Voraussetzungen für das Fest nicht erfüllen: wir waren nicht verwandt, wir brachten keine Geschenke, und feine Anzüge hatten wir auch nicht dabei. Aber wir aßen und tranken, und mit einem Augenzwinkern ließ man uns gewähren. Wenn wir anständigere Menschen gewesen wären, hätten wir das Fest gemieden, zu dem wir nicht geladen waren. Wir wären es uns selbst schuldig gewesen, nur da zu essen, wo man sich das Essen verdient hat. Aber wir waren noch zu jung, um schon so anständig zu sein, und wir aßen von den Broten, die nicht für uns gebacken waren.

Die kläglichen Eintrittsbeschränkungen
Ich lese, dass ein katholischer Priester sein Priesteramt verlor, weil er auf dem ökumenischen Kirchentag in Berlin Protestanten zum Abendmahl eingeladen und mit ihnen Brot und Wein geteilt hat. Er, der Christ, wird bestraft, weil er seine Mitchristen zum Essen eingeladen und mit ihnen gegessen und getrunken hat. Er wird bestraft mit einer der härtesten Strafen, die Rom zu vergeben hat: Er darf nicht mehr Priester sein, er darf nicht mehr lehren. Die Menschen sollten die Voraussetzungen für jenes Mahl in sich selber tragen. Sie sollten die richtige theologische Auffassung haben, sie sollten mit Rom verbunden sein. Erst dann werden Brot und Wein geteilt. Die Ordnung hat die Anarchie besiegt, das Kirchenrecht die Liebe der Geschwister. Zum Glück muss ich nicht auf Rom setzen. Ich setze auf das Augenzwinkern jenes großen Herrn des Mahles, der mich von den Zäunen und von den Hecken

geholt hat und nicht erst das große theologische Dampfbad verlangt, das mich endlich würdig macht für das Fest. Eine große Freiheit: Wir sind nicht unsere eigene Voraussetzung für das Mahl. Die Einladung des Gastgebers ist unsere Voraussetzung, und dieser sagt: Komm, du Lumpenhund! Iss und trink und sei mein Gast!

Das Köstlichste gibt es umsonst
Es ist nicht leicht, abgerissen auf Hochzeiten und Festessen zu sein und von der Güte geduldet zu werden. Es ist nicht leicht, das anzunehmen, worauf man keinen Anspruch hat. »Ich schulde niemanden etwas!«, sagen manchmal Menschen, und sie sind stolz darauf, die Souveräne des eigenen Lebens zu sein und sich sagen zu können, dass sie mit Schweiß verdient haben, was sie bekommen. »Ich lasse mir nichts schenken!«, sagen sie, die auf ihre Unabhängigkeit bedacht sind. Aber die köstlichsten Dinge des Lebens kann man nicht erwerben, man erhält sie umsonst. Man kann sich Freundschaft und Liebe nicht verdienen, man kann sich Vergebung und Zuneigung nicht verdienen, sie sind Geschenke. Je geistiger ein Wesen ist, umso bedürftiger ist es und umso mehr ist es fähig, sich die eigene Bedürftigkeit zuzugeben und zu ihr zu stehen. Wer liebt, der weiß am besten, dass er nicht mit sich selber auskommt und dass er sich selber nicht genug ist. Sogar Gott will nicht mit sich allein auskommen. Er braucht uns. Er will gelobt und geliebt werden. Auch er will von den Zäunen und von den Hecken geholt und geborgen werden in unserer Liebe. Die Bedürftigkeit schändet nicht, weder Gott noch uns Menschen.

Der Indianername und der Taufname

Der Mensch kennt zwei Namen, den Indianernamen und den Taufnamen. Den Indianernamen bekommt man, wenn man sich namhaft gemacht hat. Wer schnell laufen gelernt hat, wird springender Hirsch genannt. Wer scharf sehen gelernt hat, wird Adlerauge genannt. Der Indianername ist schön, weil er die Stärke und die Kräfte des Menschen ehrt. Aber es wäre zum Verzweifeln, wenn es nur ihn gäbe und wenn man nur gerufen würde, wenn man sich einen Namen gemacht hat. Dann würde nichts gelten als die Stärke des Menschen. Was wäre es für eine Gesellschaft, in der nur die Starken einen Namen hätten!

Es gibt den Taufnamen, den geschenkten Namen. Ehe wir ansehnlich sind, werden wir angesehen. Zum großen Festmahl und zu seinem Vorspiel, dem Abendmahl, werden wir mit dem Taufnamen gerufen. Wir werden von den Hecken und Zäunen gerufen, und wir werden zur Hochzeit zugelassen, ehe wir uns einen Ruf gemacht haben. Welche Freiheit und welche Heiterkeit – wir sind nicht gezwungen, das Produkt unserer eigenen Hände zu sein. Das ist die größte Köstlichkeit, die das Christentum zu hüten hat. Wir nennen es Gnade.

Meditation zu Lukas 19,1-10

Er kam nach Jericho und wollte hindurchziehen. Und siehe, da war ein Mann, der war Oberzöllner, und er war reich.

Und siehe, der Oberzöllner, er ist reich. Sieh alle dazu, durch die er reich geworden ist: Sieh den Bauern, der einen Topf Oliven in Jericho verkaufen will. Der Zöllner raubt ihm einen Teil der Arbeit seiner Hände. Sieh die alte Frau, die ihr gewebtes Tuch zum Markt bringt. Der Oberzöllner frisst ihre Mühsal, und er wird reich. Sieh die Kinder, die schlechtes Wasser trinken, die Würmer haben und die mit ihrem Hunger den Zöllner ernähren.

Und siehe, der Zöllner war reich! Er ist reich: Die Feststellung eines Selbstmords! Es hat sich einer aus dem Leben gestohlen. Die Weisheit der alten Frau erreicht ihn nicht mehr, denn er ist ihr Feind geworden. Die Freundschaft des Bauern hat er verspielt. Seine Ohren sind taub für das Lachen der Kinder, deren Brot er isst. Sich selber hat er den Trost des Lebens gestohlen.

Und Jesus kam nach Jericho und wollte hindurchziehen. Und siehe, da war ein Mann, er war Oberzöllner, und er war reich. Und er suchte Jesus zu sehen, wer er sei. Und er vermochte es nicht wegen der Volksmenge, weil er von Gestalt klein war. Da lief er voraus und stieg auf einen Maulbeerfeigenbaum, um ihn zu sehen. Denn er sollte auf jenem Weg hindurchziehen.

Was erwartet der Tote vom Leben? Sind noch nicht alle Wünsche mit ihm gestorben? Gibt es eine Sehnsucht, die noch nicht ausgerottet ist? Will er, der den Armen das Brot und die Stimme gestohlen hat, ihnen nun auch den Sohn der Hoffnung stehlen? Warum läuft er hinzu, warum will er ihn sehen? Fehlt ihm nun noch das Höhere, nachdem er alles gestohlen hat? Fehlt ihm, der seine Burg gebaut hat, nun noch der Hausgott, dem er den Segen abpresst wie den Kindern ihr Lachen? Fehlt ihm noch ein Gott, dem er die Moral diktiert wie den Bauern die Zölle?

Ist er nur jener? Ist er auch dieser: Der Kleine, der mit allem Reichtum seinem Leib nicht eine Elle hinzufügen kann? Er läuft auf kurzen Beinen der Menge voraus, erreicht mit Mühe den ersten Ast des Feigenbaums und zieht sich hoch. Das Beste, was er hat, seine sehnsüchtige Lächerlichkeit in den Ästen des Baumes; sein Wunsch dazuzugehören. Seine Hoffnung, gesehen zu werden mit einem zweiten Blick vom Sohn des Lebens. Der erste, der heilige Blick sieht die Kinder der Nacht, die sich wärmen unter Brücken in Zeitungen, in denen die Geschichte ihres Hungers nicht steht. Er bettelt um den zweiten Blick – der Kleine, der alles hat und sich doch nicht geben kann, was er braucht: die Freundschaft der Menschen, das Singen des Windes und das Lächeln Gottes.

Als Jesus an den Ort kam, blickte er zu ihm auf und sprach: Zachäus, steige eilends herab! Denn heute muss ich in deinem Hause bleiben. Und er stieg eilends herab und nahm ihn mit Freuden auf.

Gerufen wird er mit einem Namen, der ihm nicht eigen ist: Zachäus, Gerechter! Sein Eigenname ist Steinherz und Mensch ohne Augen. Wer ist er? Der oder jener? Ist er der Tränenlose, ist er Zachäus? Warum ein

Name, der noch nichts benennt und der fremd ist seinem eigenen Herzen. Zachäus – Gerechter.

Leicht ist es, Wasser in Wein zu verwandeln. Leicht ist es, den Sturm zum Schweigen zu bringen. Leicht ist es, Brot zu vermehren, dass es für alle reicht.

Schwer ist es, ein Herz aus Stein in Fleisch zu verwandeln. Schwer ist es, trockne Augen zum Weinen zu bringen. Schwer ist es, einen Menschen widersprüchlich zu machen, dass er wählen kann zwischen seinem falschen und seinem wahren Namen.

Dem Trost allein gelingt es, das Steinherz zu brechen.

Heute muss ich in deinem Hause bleiben.

Jesus tut, als sei da schon ein Haus, in dem man bleiben kann und das keinen abweist. Er gibt nichts. Er nimmt, wie man von einem Freunde nimmt, mit dem man schon einig ist und von dem nichts trennt. Der Blick hebt das Todesurteil auf und ruft die Güte ins Leben. Das ist die einzige List, die die Liebe kennt.

Und als sie es sahen, murrten sie alle und sagten: Bei einem sündigen Mann ist er eingekehrt, um seine Herberge zu finden.

Dies ist verständlich: die Wut der Menge. Die Wut all derer, die schon bezahlt haben beim Oberzöllner, bei seinen Unterzöllnern und bei deren Helfershelfern. Wenn schon der Zöllner den Bauern legt; wenn schon der Reiche den Armen presst; wenn schon die Macht das Recht verschlingt, dann soll es doch diesen späten Sieg des Rechts geben: Dass tot bleibt, wer sich selbst das Leben genommen hat; dass dessen Name nicht mehr genannt wird, der anderen den Namen zertreten hat; dass nicht angesehen wird, der blind war für die Tränen der Armen. Der kalte Trost soll doch bleiben! Wenn dies die Welt schon nicht ändert, so erklärt es sie doch.

Zachäus aber trat hinzu und sagte zum Herrn: Siehe, Herr, die Hälfte meines Besitzes gebe ich den Armen. Und wenn ich von jemandem etwas erpresst habe, gebe ich es vierfach zurück.

Das Märchen von der Güte, die eine Tochter gebiert, die Güte heißt. Das Märchen von der Gnade, die eine Tochter gebiert, die Gerechtigkeit heißt. Die Geschichte von der Schönheit, die Schönheit ins Leben ruft. Es ist einer aus seinem Prunkgrab gekommen und hat ein Haus daraus gebaut. Es hat einer seine Krallen geöffnet, und sie wurden zu Händen. Es hat einer seinen Namen gehört, mit dem er schon lange gerufen wurde. Es ist einer von den Toten auferstanden. Es ist einer jung und leichtsinnig geworden: Die Hälfte den Armen! Vierfach zurückgegeben, was abgepresst wurde!

Da sprach Jesus zu ihm: Heute ist diesem Hause Heil widerfahren, wie denn auch er ein Sohn Abrahams ist. Denn der Sohn des Menschen ist gekommen, um das Verlorene zu suchen und zu retten.

Zwei Schönheiten spielen miteinander, und die eine kann ohne die andere nicht sein. Die eine: dass einer gerufen wird, ehe er sich einen Namen gemacht hat; dass er vom Baum geholt und an den Tisch gesetzt wird; dass die Güte mit ihm aus einem Becher trinkt, ehe er gütig ist. Mit ihm trinkt die Güte Bruderschaft, und mit jedem Schluck wird er Mensch. Die andere Schönheit erwacht: Die Augen, die die Hände der alten Frau sehen, wie sie mit Mühe ihr Tuch webt, Faden für Faden. Die Ohren, die den Schrei der Kinder nach Brot und Wasser hören. Die Sanftheit der Hände, die trösten, wo sie vorher geschlagen haben. Die Stimme, die nach dem Recht schreit, das der Zöllner vorher verlacht hat. Und der Zorn, der ihn auf die Straße treibt, aus dem Haus, in dem die Güte mit ihm getrunken hat. Zwei Schönheiten küssen sich und werden zu einer. Zum zweiten Mal entdeckt Zachäus die Menschen. Der Zöllner hat sie gesehen mit schätzendem Auge: Der Bauer mit den Oliven bringt wenig: Sechs Groschen. Die Alte mit dem Tuch weniger: Drei Groschen. Mehr schon der Fischer, der die Nacht gefischt hat und seine Ware am Morgen vom Jordan auf den Markt bringt.

Die erste Entdeckung der Welt mit den Augen des Kalkulierers! Die zweite Entdeckung, nachdem er selbst entdeckt ist: Zachäus sieht den krummen Gang der Alten. Er sieht die rissigen Hände des Fischers. Seine Ohren hören die Kinder vor Hunger weinen. Er liest die Geschichten des Unglücks in ihren Gesichtern. Er schleppt das Heil, das in sein Haus gekommen ist, auf die Straße, an die Zäune, in die Nacht der Geschlagenen.

Da sprach Jesus zu ihm: Heute ist diesem Hause Heil widerfahren, wie denn auch er ein Sohn Abrahams ist. Denn der Sohn des Menschen ist gekommen, um das Verlorene zu suchen und zu retten.

Gesichter der Passion

In den alten Kreuzwegen hat die Passion Christi ihre lange und langsame Zeit. Christus geht seinen Weg. Er wird gefangen, er wird verurteilt, er wird gegeißelt, er fällt unter dem Kreuz, er wird ans Kreuz geschlagen, er stirbt seinen erbärmlichen Tod. Menschengesichter werden auf dem Weg der Passion erkennbar: Judas, der Freund und Verräter; Petrus, der Verleugner; Pilatus und die klugen Kleriker; Simon von Cyrene und die weinenden Frauen; die Soldaten und die Zuschauer. Die Frage ist, unter welcher Maske sich unser eigenes Gesicht verbirgt; das Gesicht der Kirche, unserer Städte, der Gesellschaft. Wo kommen wir vor?

Gesichter auf dem Weg Christi
Petrus, der Jünger, der Freund, der Verräter: Er sitzt am Feuer im Hof der Machthaber. Die Träume sind verloren, er will überleben, mehr nicht. Er will nicht hineingezogen werden in den Prozess und das Urteil, nachdem die Sache verloren scheint, an die er geglaubt hat. Und so verrät er den Freund und Meister – dreimal. Ich bin's nicht, sagt er der Magd, die ihn erkennt. »Ich bin's, der dich verwundet«, singt die Treue und die Frömmigkeit. Ich bin's! Ich bin's nicht, damit habe ich nichts zu tun, ich distanziere mich davon, sagt der Verrat. Petrus verrät – und er weint bitterlich. So menschlich ist der Verräter, dass er noch Tränen und ein Gewissen hat. Das ist nicht selbstverständlich unter Verrätern, Verschweigern, Wegsehern, Wegläufern, Übersehern und Beschönigern. Sie hören keine Hähne. Sie bleiben mit sich im Reinen und haben keine Tränen.

Die Masken der Macht
Die Kleriker mit ihrem taktischen Spiel. Es ist besser, dass einer für das Volk stirbt, als dass alle verderben, sagen sie. Sie denken vom Ganzen her. Da muss schon mal einer über die Klinge springen. Sie wissen nicht, was sie tun; denn sie haben ihre Handlungen schöngeschminkt, bis sie ihnen selber eingeleuchtet haben. Dass sie nicht wissen, was sie tun, ist ihre erste Schuld. Das sie tun, was sie tun, ist ihre zweite Schuld.

Pilatus und Herodes. Pilatus, der römische Statthalter mit der Macht, zum Tode zu verurteilen. Herodes, die römische Marionette. Sie werden Freunde in der Stunde des vergrabenen Gewissens. Pilatus, der sensible Zyniker. Er ist nicht unberührt von der Wahrheit des Gerechten. Er will ihn freigeben, sofern seine Interessen nicht auf dem Spiel stehen. Der Machtstarre und der philosophische Schöngeist, sie wissen, was sie tun.

Die Soldateska aller Zeiten mit ihrem Gehorsam, der ihnen unsichtbar macht, was sie tun. Die Soldateska mit ihrem Sadismus: Die Folterknechte verbinden die Augen des Gerechten und fragen: Wer ist's, der dich geschlagen? Die Soldateska, die das Röcheln der Opfer nicht stört. Sie spielen um sein letztes Hemd. Oradour, Lidice, Srebrenica – die Kommentare unserer Zeit zur Geißelung des Gerechten.

Das Volk
Zwiespältig: Es spendet Beifall dem Gerechten, der auf seinem Esel in Jerusalem einreitet. Es spendet Beifall den Masken der Macht und fordert seinen Tod. Es rennt mit, wenn einer gehenkt wird, es weidet sich an seinen Schmerzen und begafft das Unglück, jeden Abend folgenlos.

Es liebt die starken Götter: Wenn du der Sohn Gottes bist, dann steige herab von deinem Kreuz; dann hilf dir selbst, du hast ja anderen geholfen! Nicht an seiner Güte will es den Sohn der Wahrheit erkennen, sondern an seiner Macht. Steig herab und steh' auf der Seite der Sieger! Sei stärker als die Starken, dann wollen wir an dich glauben! Vielleicht ist es mehr Verzweiflung als Bosheit. Vielleicht meinen sie dies mit der Anbetung der Sieger: Wenn unser eigenes Leben schon kläglich ist, dann wenigstens wollen wir uns im Glanz der Sieger sonnen, an den Geschichten aus den Palästen. Die Armut der Hütten kennen wir zur Genüge. Wir wollen deren Märchen, sie sind unser Opium in glanzlosen Alltagen.

Christus aber ist ein Verlierer. Ihn legt das Leben aufs Kreuz wie so viele vor ihm und nach ihm.

Figuren auf dem Weg nach Golgatha
Der Sympathisant – Simon von Cyrene, der Christus den Kreuzbalken nachträgt, freiwillig oder von den Römern gezwungen – wer weiß! Aber er trägt das Kreuz und wird zum Sympathisanten Christi, er teilt mit ihm die Last und den Schmerz.

Sympathisantinnen – die Frauen am Kreuzweg: die Mutter; Veronika, die ihm das Schweißtuch reicht; die Frauen, die um Christus weinen. Weinen bei öffentlichen Hinrichtungen war verboten. Denn die Weinenden solidarisieren sich mit dem Opfer. Darum ist Weinen staatsfeindlich. An vielen Stellen der Welt: Solidarität und Tränen sind staatsfeindlich.

Die Hauptfrage
Sie steht noch aus: Wo kommen wir vor? Wo spielen wir mit? Als Zuschauerinnen unter der lachenden Menge? Als Freunde Jesu, die eingeschlafen sind? Als Judas, der

bezahlt wird? Als Vertreter der Behörden mit einer Ahnung von der Unschuld derer, die wir behandeln, und mit größerer Angst vor der nächsthöheren Behörde? Als die Religionsbeamten, die keine Konflikte wollen? Es gibt keinen Ort in der Welt, auf den der Schatten des Kreuzes nicht fiele. Wir entkommen der Frage nicht: Wer hat dich so geschlagen? Und dahinter die alte Frage Gottes an Kain: nachdem er seinen Bruder erschlagen hat: Wo ist dein Bruder? Und dahinter die andere Frage: Wo bist du, Adam? Warst du dabei, als Christus gekreuzigt wurde? Als wer? Wer hat dich so geschlagen?

Kreuzigen
Die Tilgung der Zinsen verweigern, kein Asyl gewähren, Flüchtlinge in den Tod schicken, Frauen vergewaltigen, Kinder verhungern lassen: Es ist nicht vollbracht.

Kreuzigen: Jemandem keine Arbeit geben, ihn auf der Straße verkommen lassen, die Mieten hochtreiben, die Schulen verkommen lassen, das Wasser verseuchen, die Schöpfung verwüsten, die Tiere quälen: Es ist nicht vollbracht.

Kreuzigen: Vergessen, verschweigen, es doch nicht aufbauschen wollen, verdrängen, es nicht gewusst haben, es für einen Einzelfall halten, es für unabänderlich erklären, es zulassen: Es ist nicht vollbracht.

Es ist nicht vollbracht: Die Lahmen tanzen noch nicht. Die Stummen singen noch nicht. Die Schwerter sind noch nicht zu Pflugscharen umgeschmiedet, und die Tyrannen sind noch nicht von ihren Thronen gestoßen.

Letzte Worte
Man erzählt Verschiedenes vom Tode Christi. »Ich habe Durst«, soll er gerufen haben. Alle Souveränität ist dahin, jede Erhabenheit ist zerronnen in die drei klei-

nen Worte: Ich habe Durst. Es sind Worte, die man einem, der unter der Folter stirbt, am ehesten zutraut. Die körperliche Pein nimmt der Sprache jedes Pathos. Es bleiben die einfache Worte: Ich habe Durst, ich habe Angst, ich habe Hunger. Gott hat sich vermummt im Schicksal dieses Jesus von Nazareth in unsere eigenen Gestalten; in das Stöhnen der Gefolterten, in den Hunger der Kinder, in die Schmerzen der Verlassenen, in den großen Durst der Welt nach Leben und Glück.

Der eine Erzähler vom Tod Christi weiß nur von einem letzten verzweifelten Satz: »Mein Gott, mein Gott, warum hast du mich verlassen.« Er weiß nur etwas von einem lauten Schrei, den er ausstieß, ehe er starb.

Andere Erzähler geben sich nicht zufrieden mit einem letzten Schrei. Sie legen dem Gerechten ein Wort der Versöhnung in den Mund: »Vater, in deine Hände befehle ich meinen Geist.« Der Gerechte ist jenseits seines Durstes und jenseits aller Schmerzensschreie. Vielleicht war es so. Vielleicht wird es so sein bei unserem eigenen Tod, dass wir versöhnt sind; versöhnt nach allen Schmerzen. Vielleicht wird es so sein, dass wir uns abgeben können und uns nicht in den eigenen Händen bergen müssen. Nackt ist dieser Sterbende geworden. Er hat nichts mehr zu verlieren als sich selbst. Er verliert sich in den Abgrund des Lebens: »Vater, in deine Hände befehle ich meinen Geist.«

Es ist vollbracht
Der Tod hat sich an seiner Beute verschluckt und ist an ihr verhungert. Keiner ist seit dem Tod des Gerechten verschont geblieben von Niederlagen, von Krankheit und Schuld, vom Tod. Aber gegen alle Niederlagen gibt es eine hilflose, eine zarte, eine unbewiesene Geschichte einer neuen Schöpfung. Es wird

erzählt, dass es getan und vollbracht ist und dass alles Leben einen neuen Anfang hat. Der dreiste Einwand der Hoffnung: Es ist vollbracht. Der Tod des Gerechten hat dem Tod den Sieg genommen.

Der Tod ist nicht das Letzte, was erzählt wird. Danach kommt die Zeit der wilden Gerüchte: Die Güte hat sich nicht vergraben lassen. Er wurde gesehen, dem man das Leben genommen hat. Man hat ihn berührt, man hat mit ihm gegessen, im Morgengrauen meistens, in der Zeit der Undeutlichkeit; in der Zeit, die noch keine vollständige Sicherheit erlaubte; in der Zeit, in der der Lebendige verwechselt werden konnte mit einem Gärtner, mit einem Wanderer; mit einem, der zufällig am Ufer des Sees stand; in der Zeit, in der die Zweifel nicht ganz ausgeschlossen werden konnten. Die Güte lebt, es ist vollbracht.

Kreuzweggebet

Jesus wird zum Tod verurteilt: Wir bitten den Gott Jesu Christi, dass er die Macht derer vernichtet, die Todesurteile fällen; Urteile über Menschen, Todesurteile auch über die Zukunft dieser unserer wundervollen Erde.

Jesus nimmt das Kreuz auf sich: Wir bitten den Gott Jesu Christi für unsere Kranken und Sterbenden: Sie sollen wissen, dass nichts verloren geht, auch nicht ihr Schmerz und ihr Tod.

Jesus fällt unter der Last des Kreuzes: Wir bitten den Gott Jesu Christi, dass uns die eigenen Lebenskreuze nicht zerschmettern; nicht unsere Schuld, nicht unsere Einsamkeit, nicht unser Scheitern.

Jesus begegnet seiner Mutter: Wir bitten den Gott Jesu Christi, dass er die Tränen der Mütter sammelt, die um ihr Kinder weinen; um die Kinder, die zu früh gestorben sind; um die Soldatenkinder, die zum Töten gezwungen werden; um die Kinder, die ohne Brot und Schutz auf den Straßen dieser Welt leben.

Veronika reicht Jesus das Schweißtuch: Wir bitten den Gott Jesu Christi für unsere Kirchen, dass sie sich nicht in falsche Fragen verstricken; dass sie Orte des Trostes und des Schutzes des Lebens werden.

Jesus begegnet den weinenden Frauen: Wir bitten den Gott Jesu Christi, dass die Frauen dieser Erde ihren Männern in den Weg treten, wo sie im Macht- und Blutrausch blind werden und die Erde verwüsten.

Jesus wird seiner Kleider beraubt: Wir bitten den Gott Jesu Christi, dass er die stärkt, die gefoltert werden und denen die letzte Würde genommen wird.

Jesus wird ans Kreuz geschlagen: Wir bitten den Gott Jesu Christi gegen uns selbst, dass wir nicht Zuschauerinnen und Gaffer bleiben; dass wir Sympathisanten werden, wo Menschen an unerträgliche Kreuze geschlagen werden

Jesus stirbt am Kreuz: Wir bitten den Gott Jesu Christi, dass er unser Leben begleitet und dass auch unser Sterben in seinen Händen aufgefangen ist.

Du Gott Jesu Christi, du liebst das Leben, du liebst die Freiheit und das Recht. Lehre uns, deine Söhne und Töchter, das Recht und die Freiheit zu lieben und auf das Land zu warten, in dem niemand mehr das Opfer eines anderen werden muss. Lehre uns, auf das Land zu warten, in dem Opfer unnötig sind. Amen

Bibelarbeit zu Matthäus 5,1-12

Ich wollte, wir könnten heute Morgen die Bergpredigt hören »frisch wie am ersten Tag«; sie hören, als hätten wir sie noch nie gehört. Wir haben es in unseren Kirchen so oft zu tun mit verwohnten Geheimnissen und einer ausgebluteten Sprache. Mit unserer Tradition geht es uns oft, als wohnten wir in einem Schloss, dessen Schönheit wir aber nicht mehr wahrnehmen, weil wir zu lange darin gewohnt haben und sie gewohnt sind. Die Gefahr der Gewöhnung ist, dass wir die alten Texte hören, als sei es selbstverständlich, dass die Armen selig sind; dass die Trauernden getröstet werden und dass die Sanftmütigen das Land besitzen. Die Gefahr ist, dass wir den Widerspruch nicht mehr hören, den Jesus gegen die Geläufigkeit erhebt. Geläufig ist, dass die Armen arm bleiben und meistens noch ärmer werden; dass die Barmherzigen für dumm verkauft werden und keineswegs Barmherzigkeit erlangen und dass die Friedenstifter als realitätsfeindlich verlacht werden. Lasst uns die Stimme des lästigen Jesus hören, der die Welt auf den Kopf stellt. Lasst sie uns hören ohne Gegenwehr und ohne dass wir schon wissen, was sie sagt – hören wie zum ersten Mal.

Ich möchte Ihnen eine Hörhilfe nennen, die meine Neutralität dem Text gegenüber zerbricht: Ich überlege, wer diese Nachricht unter Seufzen und Tränen gehört und ihr geglaubt hat, und ich glaube dem Glauben dieser alten Hörer und Hörerinnen. Ich glaube der Frau ihren Glauben, die ein Kind verloren hat und die sich an den Text des Trostes klammert. Ich glaube Mahatma Gandhi seinen Glauben, der bei seiner Friedensarbeit auf die Bergpredigt vertraut hat. Ich sehe die Seufzenden dieser Welt und Gegenwart und erkenne, dass die Botschaft dieser alten Stimme für sie unerlässlich ist. Ihr Schmerz macht mir die Nachricht glaubwürdig. Ich höre die Stimmen ihrer Hoffnung und spreche ihnen nach, noch ehe mein Herz an ihren Glauben heranreicht. Ich glaube der Botschaft auf Probe und lerne so den Glauben. Lassen Sie uns im Geist der Armen, der Leidenden, der Sanftmütigen, der Friedfertigen; derer, die reinen Herzens sind und nach Gerechtigkeit hungern, den alten Text zunächst zusammen sprechen, mit ganzem Herzen glaubend, mit halbem Herzen glaubend oder auch nur mit der Sehnsucht nach dem Glauben glaubend. Wir haben die alte Verheißung wahrgenommen über die Augen, die sie gelesen haben, und über den Mund, der sie gesprochen hat. Wir nehmen sie jetzt anders über die Ohren wahr. Das Ohr ist das alte Organ des Gehorsams.

Selig sind, die geistlich arm sind,
denn ihrer ist das Himmelreich.
Die »Bibel in gerechter Sprache« übersetzt so: »Selig sind die Armen, denen sogar das Gottvertrauen genommen wurde, denn ihnen gehört Gottes Welt.« Dies ist schon eine Deutung des Verses, eine aus dem Geist der Bergpredigt angemessene Deutung. Gott hat Lieblingskinder und Menschen seines ersten Augenmerks, es sind die Armen. Sie werden nicht selig gepriesen, weil sie besser sind als andere; weil sie frömmer, sondern weil sie arm sind. Ihre Schmerzen und Entbehrungen; die gesellschaftliche Verachtung, die sie erfahren, sind der Grund der Seligpreisung, nicht irgendein Verdienst, den sie aufzuweisen haben. Die Frau, die ihr eigenes Kind verletzt, damit es beim Betteln mehr einbringt – sie ist nicht fromm, aber sie ist arm. Der

Arbeitslose, den die Hoffnungslosigkeit in den Suff getrieben hat – er ist nicht fromm, aber arm. Die verlorenen und gewalttätigen Jugendlichen, die aus Angst vor der eigenen Armut die noch Ärmeren und die Fremden hassen – sie sind nicht gut, sie sind arm. Viele sind zu arm, um gütig zu sein. Sie sind zu arm, um fromm zu sein. In dieser Woche bekam ich einen Brief einer Ärztin aus Bolivien, sie schreibt: »Die Armen werden selig gesprochen, weil sie so bitter unselig sind. Armut macht unglaublich hässlich, äußerlich und innerlich. Wenn ich meine Sprechstunde halte, bin ich immer wieder erstaunt über die Hässlichkeit der Armut. Die Armen sehen den Müll nicht, in dem sie leben, sie sehen darin nur, ob man da noch etwas finden könnte zum Essen oder zum Wiederverkaufen. Sie sehen die Schönheit der Natur nicht, sondern denken beim Sonnenuntergang nur daran, ob sie genug Decken zum Zudecken in der Nacht haben. Sie lieben einander herzlich wenig, der Enkel schlägt die Großmutter, die ihm nicht genug Geld für Drogen gibt, nachdem der Vater sich zu Tode gesoffen hat und die Mutter die Familie verließ. Die Frau, die ihre sechs Kinder und ihren rheumatisch verkrüppelten Mann durchbringt als Wäscherin, die zu acht in einem winzigen Zimmerchen hausen, aus dem die Vermieterin sie wieder hinauswirft, sie hat kein Lächeln über. Also: Du sagst zwar, dass die Armen selig gesprochen werden, weil sie arm sind. Aber das ist noch nicht genug. Die Unseligen für selig zu erklären, ist gewissermaßen ein revolutionärer Akt. Ob die allerdings irgendetwas davon haben, hängt davon ab, ob aus dem Versprechen, ›selig gesprochen zu sein‹, ein Erwachen wird, ein empowerment, wie wir im Entwicklungsjargon sagen. Jesus war sicherlich ein Empowerment-Katalysator, ein ›facilitator‹ für seine Jünger und Hörer. Dann kommt die Frage: Was machen die ›Nicht-Armen‹ mit der Bergpredigt? Das ist zuviel für eine Mail, darauf habe ich keine Antwort.«

In einem Dokument der Befreiungstheologie aus Lateinamerika heißt es: »Die Armen verdienen ein vorrangiges Augenmerk, ungeachtet ihrer moralischen und persönlichen Befindlichkeit. Geschaffen nach Gottes Bild und Gleichnis, um seine Kinder zu sein, wird dieses Bild verdunkelt und verhöhnt. Gott übernimmt es, sie zu verteidigen, er liebt sie.«

Die bitterarmen, die kleinen Leute, die Kinder, die Kranken, die Sünder – alle also, die sich nicht mehr auf sich selbst berufen können und die mit den eigenen Künsten nicht mehr auskommen, sind die Lieblingskinder Gottes. Der Trostruf an die Armen ist meistens verbunden mit einem Drohruf gegen die gemachten Leute. Im Matthäusevangelium (11,25) finden wir einen Jubelruf Christi, der die Kleinen preist und der die Drohung gegen die Großen nennt: »Ich preise dich, Vater, Herr des Himmels und der Erde, weil du dies den Weisen und Klugen verborgen und es den Unmündigen offenbart hast.« Das Evangelium erlaubt keine Neutralität. Es fragt uns mit der Frage eines alten Arbeiterliedes aus den USA: »Which side are you on?« Auf welcher Seite stehst du? Für wen stehst du auf? Für wen, Kirche, redest du? Mit welchem Interesse schweigst du? Was verschweigst du? Wir lesen die Bibel. Die Bibel liest auch uns. Sie liest, welche Vordringlichkeiten wir haben. Sie liest, was wir lieben. Sie liest, ob wir Gott oder Götzen dienen.

Oh je! Jetzt bin ich in die berühmte protestantische Falle des schlechten Gewissens getappt. Gute Protestanten sind Menschen mit schlechtem Gewissen, sagt man. Nein, die Bibel ist nicht da, um uns ein schlechtes Gewissen zu machen, sondern um uns ein Gewissen zu machen. Wie lernen wir unser Gewissen? Wir lernen es nicht, indem wir als Erstes die Moral dieses alten Textes gegen uns selbst gerichtet sehen. Wir lernen unser Gewissen, indem wir die Schönheit, die Freiheit und die Würde wahrnehmen und anfangen, sie zu lieben.

Christus ist schön, der niemanden verloren gibt und der sich mit der Niederlage des Rechts nicht abfindet. Seine waghalsige Freiheit ist schön, in der er den Geläufigkeiten ihr Recht aufkündigt; den Geläufigkeiten, dass die Armen arm, die Trostlosen ungetröstet und die Friedenstifter verlacht bleiben. Ich bewundere die menschenfreundliche Schönheit und Würde der Bergpredigt, und erst so pflanze ich sie in mein eigenes Gewissen; erst so wird sie zur Moral.

Selig sind, die da Leid tragen,
denn sie sollen getröstet werden.
»…die da Leid tragen…« – es ist ein fast zu poetischer Ausdruck, der den Schmerz entwichtigt und ihm die Härte nimmt, indem er ihn verschönert. Lassen wir dem jesuanischen Versprechen seine Härte:
Selig sind die Eltern, deren einziges Kind gestorben ist,
    denn sie sollen getröstet werden.
Selig ist der Alte, der verlassen in seiner Dachwohnung
    haust; dessen Einsamkeit wie ein brüllendes Tier ist,
    denn er soll getröstet werden.
Selig sind, die ihre Heimat verloren haben; die ortlos
    in der Welt herumirren, denn sie sollen getröstet
    werden.
Selig sind, die in Schuld verstrickt sind und ihr verspieltes Leben betrauern, denn sie sollen getröstet werden.

Es soll mit der Zeit nicht nur Gras über alles Unglück wachsen, dass es erträglicher wird oder dass man es vergisst. Die Bergpredigt meint mehr als den am Leben ablesbaren Satz: »Nach Regen folgt Sonnenschein.« Das wäre kein Trost in der Trauer, sondern Verfliegen der Trauer. Dazu brauche ich keine Bergpredigt. Trost heißt nicht Wohlergehen nach der Trauer, sondern Beistand in der Trauer. Trost ist eines der mütterlichsten Wörter, die wir in unserer Sprache haben. Trost wartet nicht, bis das Schlimmste vorbei ist. Trost ist da, wo das Leben vereist oder verbrennt. Sonst ist es kein Trost. Trost ist keine Belohnung der Trauer.

Aber wo denn und wie denn ist dieses Versprechen wahr? Ich weiß es nicht. Es gibt Sätze in der Bibel, die man kaum erklären kann. Man spricht sie einfach nach, und man klammert sich an sie, wie man sich an einen Balken klammert, der einen nach einem Schiffbruch rettet. »Mein Gott, wo bist du?«, fragen Menschen in ihrer Trauer. Wenn man nicht an Gott glaubt, ist dies keine Frage. Da sagt man sich: So ist das Leben, es ist grausam, und mehr ist nicht zu fragen. Unsere Bestürzung über das Schweigen Gottes ist umso größer, je mehr wir an seine Güte glauben. Das Schweigen Gottes ist für die Gläubigen ein Problem, kaum für die Ungläubigen.

Ein gefährlicher und falscher Weg ist es, das Unglück der Menschen mit ihrer Schuld zu erklären mit dem unglückseligen Satz: Einer muss doch schuld daran sein. Dieser Satz hat viele Opfer gekostet. Hiobs Freunde haben es getan: Wenn dich dein Unglück so niederwirft, dann musst du gesündigt haben, denn Gott straft nicht ohne Grund, sagen sie. Gott zürnt diesen Freunden und ihrer Erklärungssucht. Er lehrt sie: Man kann nicht den Menschen verurteilen, um Gott in Schutz zu nehmen.

*Selig sind die Sanftmütigen,
denn sie werden das Erdreich besitzen.*
Ich kehre diesen Satz um: Wenn die Sanftmütigen das Land besitzen, wird das Erdreich selig sein. Aber sie besitzen es nicht, und sie werden es nie besitzen. Das Land besitzen die Skrupellosen, die Leuteschinder, die Blutsauger. Bei Blohm & Voss in Hamburg lässt sich der russische Oligarch Roman Abramowitsch eine Yacht bauen, die vermutlich 800 Millionen Euro kostet. Vorläufig sind diese moralischen Idioten selig, nicht aber die Sanftmütigen. Vorläufig sind die selig, die sich Bestechungsgelder von 50 Millionen zahlen lassen. Vorläufig sind die selig, die Unsummen an den Waffen verdienen, mit denen die Kinder der Ärmsten umkommen. Die ehemalige Vorsitzende der Linken, Gesine Lötzsch, hat eine riesige Debatte ausgelöst, als sie in einer Programmdiskussion der Linken das Wort Kommunismus positiv gebrauchte. Auch ich fand nach der Geschichte unseres Landes den Gebrauch dieses Begriffs naiv. Aber ich wünschte, wir würden mit demselben Zorn reagieren, wo das Eigentum des Volkes zerstört und aufgefressen wird wie in jenen Beispielen. Ich wünsche, dass der Zorn zur Gabe der Sanftmütigen wird.

Den Zorn zu loben ist nicht gerade selbstverständlich. Viel eher lobt man die affektfreie Neutralität, von der man sagt, dass sie den Blick nicht trübt und das Urteil nicht fälscht. Die Behauptung ist falsch, dass man in emotionaler Neutralität ein klareres Urteil habe. Dorothee Sölle hat recht: »Die größten und perfektesten Mörder in unserem Jahrhundert sind nicht emotional reich begabte und leidenschaftliche Menschen gewesen, sondern affektarme Bürokraten, die emotionsfrei Befehle ausführten.« Die Justitia mit der Binde vor den Augen ist in der Tat blind; sie sieht nicht, wen sie beurteilt und verurteilt. Sie sieht keine Umstände, und sie ist der Empörung nicht fähig. Zorn macht einseitig, und Einseitigkeit öffnet die Augen. Wer ohne Vermutung nach Südamerika fährt, kann wundervolle Strände sehen, betörende Sonnenaufgänge erleben, aber er ist nicht in der Lage, einen Armen zu sehen. Er sieht nicht, wo das Recht verletzt wird. Es gibt eine unerlässliche Voreingenommenheit, die die Augen öffnet. Wenn ich nicht voreingenommen bin von dem Wunsch nach Gerechtigkeit, dann nehme ich das Leiden der Gequälten nicht einmal wahr. Voreingenommenheit ist die Bildung des Herzens, die uns das Recht der Armen vermissen lässt. Ein Urteil zu haben, ist nicht nur die Sache des klugen Verstandes und der exakten Schlüsse, es ist eine Sache des gebildeten Herzens. Das gebildete Herz ist nicht neutral, es fährt auf, wenn es die Wahrheit verraten sieht. Der Zorn ist eines der Charismen des Herzens. Es ist eine der Eigenschaften Gottes, der nicht duldet, dass Menschen verhungern und dass seine Welt gequält wird. Dieser Zorn will niemanden vernichten, wie Gott den Tod des Sünders nicht will. Er will bekehren. Der gerechte Zorn verurteilt die Tat, aber bejaht den Täter und will ihn zur Veränderung locken. Er gibt ihm »das Recht, ein anderer zu werden« (Dorothee Sölle). Hüte dich, Kirche, vor der fahrlässigen Sanftmut, die der Empörung nicht fähig ist!

Im nächsten Abschnitt nehme ich zwei Rufe der Bergpredigt zusammen, die die preisen, die nach Gerechtigkeit dürsten und die Frieden stiften. Denn einen Frieden ohne Gerechtigkeit gibt es nicht.

Selig sind, die da hungert und dürstet nach Gerechtigkeit; denn sie sollen satt werden. Selig sind die Friedensstifter; denn sie werden Gottes Kinder heißen.
Gerechtigkeit ist strukturell gedachte Liebe; es ist nicht nur die personale Zuneigung des einen zum anderen. Die Liebe denkt nicht nur interpersonal, sondern sie lebt in der strukturellen Beachtung von Wirklichkeit. Sie ist untrennbar verbunden mit Gerechtigkeit, ihrem politischen Namen. Wenn diese Liebe langfristig ist und ihre politische Naivität abgeschüttelt hat, dann weiß sie, was der Markt und die Ökonomie den Menschen antun können. Diese öffentlich gewordene und an Öffentlichkeit interessierte Liebe verdient am ehesten den Namen Solidarität. Solidarität also ist die Haltung, die die Bedingungen und die Strukturen des menschlichen Lebens bedenkt. Sie meint nicht nur einen einzelnen Menschen, sie denkt menschheitlich. Die Nächstenliebe meint eher den Hungernden, die geschändete Frau, das verlassene Kind, die in mein Blickfeld gekommen sind und die mich adoptiert haben, indem ich sie angesehen habe. Zwischen Nächstenliebe und Solidarität besteht ein Unterschied in der Pointierung, nicht aber im Wesen. Solidarität ohne Liebe in reiner moralisch-politischer Mechanik wird leer. Liebe ohne Intelligenz, Liebe ohne den Blick für die Strukturen des Rechts und des Unrechts wird blind und hilflos.

Ich schaue auf unsere Kirchen und ihren Durst nach Gerechtigkeit. Die höchste Form der Verblödung ist, sich selber Ziel und Endpunkt zu sein; nichts anderes wahrzunehmen als sich selbst und für nichts anderes einzustehen als für sich selbst. Das ist nicht nur amoralisch. Es ist auch eine Form der Erschöpfung in sich selbst, die ins Unglück führt. Diese Selbstverdummung kommt bei Privatpersonen ebenso oft vor wie bei

Gruppen. Auch die Kirchen sind vor ihr nicht gefeit. Auch die Kirche kann sich selbst zum Götzen werden, wenn sie nicht mehr sucht als sich selbst und ihre Erhaltung. Nein, ich schaue nicht nur auf die Schwächen unserer Kirche, sondern auf die Stärke, die schon da ist. Die Kirche ist ein wundervoller Verein, der größere Interessen kennt als die eigenen; ein Verein, der nicht nur an sich selber leidet, sondern die Schmerzen der Fremden wahrnimmt. Wem die Phantasie für fremdes Leid abhanden gekommen ist, der ist gezwungen, übermäßig an sich selbst zu leiden. Und umgekehrt: Wer mehr kennt und für mehr besorgt ist als für sich selbst, den werden die eigenen Sorgen nicht mehr ersticken. Wo die Kirche die Opfer wahrnimmt und für sie eintritt, baut sie an ihrer eigenen Freiheit. Es ist das Merkmal einer erwachsenen Kirche, wenn sie sich von der narzisstischen Selbstbesorgung gelöst hat und aufmerksam ist auf die Leidenden dieser Welt, auf den Frieden, auf die ökologische Bedrohung dieser Erde und auf die Lebensmöglichkeiten unserer Kinder und Enkel. Wir sind als Kirche dem Geheimnis Gottes nahe, wo wir uns dem Geheimnis der Armen nähern. Oscar Romero, einer der Grundzeugen und Märtyrer unserer Zeit, der in San Salvador ermordet wurde, hat es so gesagt: »Wie du dich den Armen näherst, mit Liebe oder mit Geringschätzung, so näherst du dich Gott.« Das Mysterium Gottes ist vom Mysterium der Armen nicht zu trennen. »Der Hunger dieser Welt ist der Ort Gottes.« (Ignacio Ellacuria) Gott versteckt sich im Schicksal der Geschlagenen. Er wird bei uns sein bis zum Ende der Tage, wie es verheißen ist. Er ist bei uns als Trost und als Versprechen. Er ist bei uns in allen Gestalten des Elends. Eine Weise, Gott zu betrachten, ist die Elenden dieser Welt zu betrachten mit den Augen unserer Herzen. Wenn die Kirche das vergisst, dann mag sie religiös sein, aber christlich ist sie nicht.

Die Kirche wird ihre Propheten und ihre Prophetinnen nicht los, sie wird ihre Bergpredigt nicht los, sie wird ihren Jesus nicht los. Der Schweizer Schriftsteller Peter Bichsel sagte einmal in einem Gespräch mit Dorothee Sölle: »Die Kirche wird diesen Christus nicht loskriegen. Das mag ich ihr gönnen. Ich finde das so toll, dass sie das nicht kann. Denn seit annähernd 2000 Jahren versucht sie es. Sie weiß, wenn sie ihn loskriegt, gibt es sie nicht mehr. Solange es sie gibt, ist aber der Begründer der Kirche eine ungemeine Belastung.« Der Christus der Bergpredigt – eine glückliche Last der Kirche und der Christen.

Selig sind die Barmherzigen; denn sie werden Barmherzigkeit erlangen. Selig sind, die um der Gerechtigkeit willen verfolgt werden; denn ihrer ist das Himmelreich. Ich nehme wieder zwei Seligpreisungen zusammen; den Satz, der die Barmherzigen preist, und die Preisung derer, die um der Gerechtigkeit willen verfolgt werden. Es gibt keine leidenschaftliche Suche nach Barmherzigkeit und Gerechtigkeit, die nicht zusammenginge mit Schmähung, Ablehnung und Verfolgung. Barmherzigkeit ohne Opfer gibt es nicht.

Ob im Alten oder im Neuen Testament – Barmherzigkeit ist einer der Grundnamen Gottes, barmherzig eine Grundbezeichnung. Auch für Gott ist seine Barmherzigkeit nicht kostenlos. Es kostet ihn seine Langmut, seine Geduld. Sein Herz dreht sich um, wenn er sein Volk sieht. Seine »Barmherzigkeit ist zu brünstig« (wie Luther Hosea 11,8 übersetzt), als dass er leidenslos davon käme. Keiner, der barmherzig ist, kommt ungeschoren davon, auch kein Gott. Barmherzigkeit und Opfer sind nicht zu trennen. Die dramatischste Geschichte der Barmherzigkeit Gottes wird im Schicksal Christi erzählt. Hier fallen Barmherzigkeit und Opfer zusammen.

Auf einem der letzten Kirchentage gab es eine Veranstaltung zum Sühnetod Christi mit dem Titel »Jesus: für dich gestorben. Das wär' doch nicht nötig gewesen!« Welch eine Banalisierung und Ironisierung eines großen Gedankens! Ja, wir wissen, welcher Missbrauch mit den Worten Opfer, Sühne und Blut getrieben wurde. Aber der Missbrauch zerstört nicht die Größe des Gedankens, dass die Barmherzigkeit Gottes zum Opfer seines eigenen Lebens wurde. Gibt es einen einzigen ernst zu nehmenden spirituellen Entwurf, der absieht von der Notwendigkeit der Selbstentäußerung, der Hingabe und des Opfers?

Selig sind die Barmherzigen! Ich schließe diesen Teil mit einem Zitat von Heinrich Böll: »Unter Christen ist Barmherzigkeit wenigstens möglich, hin und wieder gibt es sie: Christen, und wo einer auftritt, gerät die Welt ins Staunen. [...] Selbst die allerschlechteste christliche Welt würde ich der besten heidnischen vorziehen, weil es in einer christlichen Welt Raum gibt für die, denen keine heidnische Welt je Raum gab: Für Krüppel und Kranke, Alte und Schwache, und mehr noch als Raum für sie: Liebe für die, die [...] der gottlosen Welt nutzlos erschienen und erscheinen [...]« Solange die Kirche aufmerksam ist auf jene Lebensverlorenen, so lange ist sie selber nicht verloren, und sie darf den Namen Gottes anrufen. Eine Religion allerdings, »die nicht den Mut hat, für die Menschen zu sprechen, hat auch nicht das Recht, von Gott zu reden« (Luis Espinal).

*Selig sind, die reinen Herzens sind,
denn sie werden Gott schauen.*

Vielleicht kennen Sie den bewegenden französischen Film von Xavier Beauvois »Von Menschen und Göttern«. Er beruht auf einer wahren Begebenheit. Im März 1996 wurden sieben Mönche eines Klosters im algerischen Bergland entführt und getötet. Die Mönche haben freundschaftlich und respektvoll mit der muslimischen Bevölkerung zusammengelebt. Sie haben sie medizinisch versorgt. Sie haben ihnen auf viele Weisen geholfen. Sie haben mit ihnen die muslimischen Feste gefeiert. Bewaffnete islamische Truppen machten die Gegend unsicher und das Leben der Mönche gefährlich. Die Mönche fragen sich, ob sie in ihre französische Heimat zurückkehren und damit ihr Leben retten wollen. Sie beschließen nach langen Überlegungen und inneren Kämpfen, das Dorf und die Menschen nicht zu verlassen, und sie werden ermordet. So könnte man leben, denkt man, wenn man diesen Film gesehen hat. Die Konsequenz und die Eindeutigkeit dieser Mönche wecken den Durst nach Eindeutigkeit und einem reinen Herzen. Ihr Herz ist nicht das reine Herz von Naivlingen, die die Welt und ihre Härte verkennen. Das reine Herz hatten sie nicht von Anfang und von Natur aus. Es ist ihnen nicht vom Himmel gefallen, es war Arbeit. Im Prozess der Entscheidung haben sie gezweifelt, einige von ihnen haben ihr Mönchtum und ihren Glauben in Frage gestellt. Sie waren übrigens nicht daran interessiert, ein reines Herz zu haben. Sie wollten nicht heilig werden. Aber sie wurden heilig, weil sie es nicht werden wollten. Sie hatten größere Interessen, als heilig zu werden. Sie wollten einfach die Menschen nicht verlassen, für die sie wichtig waren und die sie um ihr Bleiben baten. Sie haben ihr Leben geliebt, aber mehr noch haben sie die Menschen geliebt, mit denen sie gelebt haben. Ein reines Herz kann wohl niemand haben, der nicht weiß, wofür sein Herz schlägt.

Ein reines Herz haben: wissen, wofür man lebt. Ein reines Herz haben: nicht gezwungen sein, sich selbst Ziel zu sein. Ein reines Herz gewinnen: die eigenen Zweideutigkeiten und Spaltungen überwinden. Ein reines Herz haben: leben, wie man redet, und reden, wie man lebt.

Ich frage als alter Mann: Was ist mit uns, die wir alt sind und die so weit entfernt sind von der Reinheit des Herzens? Was ist mit uns, die wir zurückschauen auf unsere Abgründe und Zweideutigkeiten? Was ist mit uns, die wir stecken geblieben sind in unseren gescheiterten Versuchen? Neulich hat mir ein alter Mann einen Traum erzählt, der ihn gequält und befreit hat. Er stand über einer Gruft in einer alten Kirche. Plötzlich schoben sich langsam und bedrohlich die in den Boden eingelassenen Grabplatten zur Seite. Zwei Ratten, groß wie Kälber, sprangen aus den Gräbern und setzten sich an deren Rand. Mit einem Stock wollte er auf sie losgehen. Aber eine Stimme hielt ihn zurück, die rief: Lass sie! Gott ist auch der Herr der Ratten. Es war ein ekelhafter und ein tröstender Traum, sagte der Alte. Er hat mich gelehrt: Gott ist auch der Herr meiner Abgründe. Er ist auch der Herr des Moders unserer eigenen Vergangenheit. Die Ratten unserer Vergangenheit sind nicht größer als seine Güte. Gott, der Herr unserer Ratten, und wären sie kälbergroß! Was immer die Sache sein mag, die ich über den Tod hinaus vor Gott verantworten muss, ich habe einen Verteidiger, einen Beistand, einen Advokaten, es ist der Geist Gottes selbst.

Wir sind am Ende unserer Bibelarbeit. Die Stimme Christi aus der Bergpredigt klingt schwer. Von den Armen und Leidenden ist die Rede, vom Hunger nach Gerechtigkeit in einer Welt von Unrecht; von Verfolgung und Schmähung. Bergpredigt! In dem Wort Predigt steckt das lateinische praedicare. Das heißt, laut ansagen, ankündigen. Es heißt auch preisen. Welche Schönheit wird hier gepredigt – gepriesen! Welche Würde des Menschen und welche Kühnheit! Welche störrische Unabgefundenheit mit dem natürlichen Lauf der Dinge! Die Armen sollen nicht in ihrer Armut verkommen und die Geplagten nicht in ihren Schmerzen. Uns wird die Würde des Durstes nach Gerechtigkeit und Frieden zugemutet. Die Barmherzigkeit wird uns zugetraut, jene schönste Fähigkeit der menschlichen Seele. Im Laufe der Kirchengeschichte haben Theologen gelegentlich vermutet, die Bergpredigt bestehe nur aus Räten, aus Anratungen, die für Menschen besonderer Vollkommenheit gelten; für Mönche und Nonnen etwa. Wir lassen uns die Würde nicht nehmen, die uns die Bergpredigt anpreist. Es kann ja sein, dass wir die Bergpredigt nicht zu Ende leben können. Was kann man schon zu Ende leben! Es kann ja sein, dass wir sie als Einzelne und als Kirche oft verraten. Aber wenn wir diese wundervollen Sätze Christi haben, dann können wir wenigstens lesen und bemerken, dass wir Verräter sind. Dies zu bemerken ist gar nicht selbstverständlich. Auch diese Kunst lehrt uns die Bergpredigt. Darum preise ich sie – praedicare! Wir lassen uns nicht vertreiben aus den Zumutungen der Bergpredigt, mit der kein Staat zu machen ist und ohne die jeder Staat verkommt. Wir leben in einem Haus, das auf dem Fundament dieser großen Lebensvision gebaut ist. Wohin sollten wir gehen, wenn wir es verlassen?

Taufe von Wilma Dorothee

Liebe Familie, liebe Freunde und Freundinnen, ich habe meine Enkelkinder Hugo und Valentin getauft, Charlotte und Miguel. Nun hat mir meine Tochter Mirjam, die Mutter dieses Kindes, ausdrücklich erklärt, ich dürfe nicht zur List einer alten Predigt greifen. Aber eine List ist mir nicht verboten, ich lasse die predigen, deren Namen Wilma als zweiten trägt, Dorothee, die Großmutter von Wilma (Dorothee Sölle). Sie hat vor vielen Jahren Wünsche für eine Konfirmandin aufgeschrieben. Sie werde ich nehmen und auf Wilmas Taufe uminterpretieren. So hören wir die Stimme der Toten, lebendiger als die Stimme der Lebenden. So hat sie geschrieben:

Sieben wünsche für eine konfirmandin
Anlässlich der befestigung ihres bäumchens im leben

Dass du trinkst von dem alten wasser der erde
Ohne bitternis
Dass die vögel kommen dir was vorzupfeifen
Und du antwortest in f dur oder a moll
Dass die sonne nicht sticht oder versteck spielt
Sondern ordentlich tut was sie soll scheinen
Dass dich die weitausgreifenden eltern
Nicht überwuchern und dein land nicht überdüngen
Dass du wächst mit den anderen bäumen
Einzeln frei und als wald
Dass du wurzeln schlägst in der gerechtigkeit
Dass du dich streckst
Bis zu deiner anderen heimat
Dem himmel

Das also sind die Wünsche deiner Großmutter, liebe Wilma Dorothee.

Der erste: *Dass du trinkst von dem alten Wasser der Erde ohne Bitternis.* Sie erinnert an eine alte Geschichte des Volkes Israel auf seinem Zug durch die Wüste. Sie fanden Wasser nach langem Durst, aber das Wasser war bitter, und das Volk murrte. Mose, der Führer des Volkes, warf auf Geheiß Gottes ein Holz ins Wasser, und es wurde trinkbar. Vielleicht, liebe Wilma, ist dies ein voreiliger Wunsch deiner Großmutter. Du wirst der Bitternis der Lebenswasser nicht entkommen. Der Bitternis des Schmerzes, der Schuld und der Einsamkeit; auch nicht der Bitternis der Liebe. Es gibt kein Leben, das nicht die Narben des Lebens trüge, sonst wäre es kein Leben. Aber es soll keine Stunde in deinem Leben geben, in der du die mögliche Süße nicht wenigstens ahnst. Die Bitterkeit wird dich nicht verschonen. Aber sie soll nicht über dich triumphieren, und ihr sollst du nicht alle Lebensschönheit opfern.

Der zweite Wunsch: *Dass die Vögel kommen, dir was vorzupfeifen, und du antwortest in F-Dur oder a-moll.* Etwas sehr einfaches: Deine Großmutter wünscht dir das Glück des Lebens. Glück war ein Grundwort bei ihr. Der Titel ihres letzten Vortrags, wenige Stunden vor ihrem Tod, hieß: Wenn du nur Glück willst, willst du nicht Gott. Damit ist schon gesagt, Wilma, dass deine Großmutter nicht das Glück von vielen Paaren Schuhen, schönen Kleidern, beruflicher Erfolge und eines großen Ansehens wünscht. Sie wünscht dir, dass die Vögel kommen, dir etwas vorzupfeifen, und du antwortest in F-Dur oder in a-moll. Glück hat bei ihr etwas mit nicht herstellbarer und nicht verwertbarer Schönheit zu tun. Glück hat etwas zu tun mit der Fähigkeit, hingerissen zu sein; hingerissen vom Pfiff des Vogels, von einem Schubertlied oder von einem Gedicht. Wenn sie dir Glück wünscht, wünscht sie dir die Fähigkeit des Staunens; ein Staunen, das den Schleier der Trivialität und der gähnenden Selbstverständlichkeiten durchbricht. Als Beispiel hat sie immer wieder die Geschichte deines Onkels Martin erzählt, noch in ihrem letzten Vortrag. Martin war fünf, auf der Aachener Straße in Köln ist es passiert, dass das Kind über eine Hausnummer staunte, über eine wundervolle 537. In der häufigen Wiederholung dieser Geschichte wechselte gelegentlich das Alter von Martin, gelegentlich die wundervolle Hausnummer, gelegentlich die Straße des Geschehens. Aber immerhin, die Stadt blieb konstant. Staunen und loben gehören zusammen. Die Fähigkeit, die Welt zu loben, ist wie eine zweite Schöpfung der Welt. Es ist deine Antwort auf den Reichtum des Lebens, dein F-Dur oder a-moll. Die Augen des Staunens und die Stimme des Lobes wünscht dir diese verrückte Großmutter.

Und sie wünscht dir, was alle Eltern und vor allem die Großeltern wünschen: *Dass die Sonne nicht sticht oder Versteck spielt, sondern ordentlich tut, was sie soll: scheinen.* Wir singen es dir gleich noch einmal im irischen Reisesegen. Wir singen es hilflos. Gerne würden wir der Sonne befehlen, für dich zu scheinen. Aber Sonnen sind so eigenwillig. Wir können dich vor einigem behüten, aber nicht von vielem und nicht sehr lange. Vielleicht gehört zu unserem Behüten auch, den Behütungssüchten zu entsagen und dich deine Wege und deine Irrwege gehen zu lassen. Vielleicht können wir für dich beten. Das wird auch nicht viel nützen, aber es die poetischste Form, dich zu begleiten. Das Gebet ist die köstlichste Nutzlosigkeit, die wir für dich haben.

Der nächste Wunsch deiner Großmutter: *Dass dich die weitausgreifenden Eltern nicht überwuchern und dein Land nicht überdüngen.* Unsere Kinder werden ernährt von unserer Zuneigung und Obhut. Aber sie sind immer auch unsere Opfer. Was vermachen wir unseren Nachkommen? Ich frage nicht nach materiellen Gütern, sondern nach dem Geist und den Lebenskräften, die wir überliefern. Ich stelle die Frage nicht ohne Angst. Wenn ich bei meinen Kindern und Enkeln einen Gesichtsausdruck, eine Reaktion, eine Geste erkenne, die meinen eigenen ähnlich sind, erschrecke ich. Was habe ich ihnen vermacht? In ihr Leben ist alles eingewoben, was mir selber nicht gelungen ist, was ich versäumt habe, was meine Fehler sind. Und so frage ich mich manchmal, was ich meinen Nachkommen an Lebensmöglichkeiten verwehrt habe, wo wir sie überwuchert haben. Unsere Kinder müssen uns vergeben. Aber, so sage ich mir, wir sind nicht unendlich, auch nicht unendlich in dem, was wir anrichten. Man kann in demütiger Heiterkeit zugeben, dass die Unverwüstlichkeit des Lebens stärker ist als die Verwüstungen, die wir anrichten – besser so gesagt: dass Gott größer ist als unsere Schuld. Wir sind nicht allmächtig, auch nicht in unserer Schuld und in dem, was wir falsch gemacht haben. Gottseidank – wir sind endlich!

Unsere Kinder sind am wenigsten unsere Opfer, wenn wir als Eltern unserer eigenen Endlichkeit zustimmen. Unsere Weise muss nicht die unserer Kinder sein. Wir müssen unsere Nachkommen gehen lassen. Zur Obhut, die wir unseren Kindern schulden, gehört die Kraft abzudanken. Abdanken ist ein schönes altes Wort. Es heißt, sich mit Dank verabschieden; sich selber und die eigene Weise den anderen nicht als Diktat hinterlassen; nicht erwarten, dass sie uns ähnlich sind.

Abdanken – das heißt sich nicht in Bitterkeit und Resignation abwenden, sondern mit Schmerz und in Heiterkeit zugeben, dass unsere Kinder und Kindeskinder ihre eigenen Wege gehen, so wie wir sie früher gegangen sind.

Der andere Wunsch der Großmutter: *Dass du wächst mit den Bäumen, einzeln, frei und als Wald!* Allein bist du klein, Wilma. Als Baum auf einsamer Ebene wirst du von allen Winden zerzaust. So wünscht dir die Großmutter Freundinnen, Genossen; Menschen, mit denen du die Heiterkeit des Lebens teilst und sie damit verdoppelst; Menschen, mit denen du deine Schmerzen teilst und ihn damit erträglicher machst; Gesichter, denen du die Hoffnung von den Lippen liest, wenn deine eigene zu gering ist. In diesen Wald von Bäumen gehören auch die Toten, deren du dich erinnerst; gehört diese alte Großmutter, die gute Fee mit ihren Wünschen.

Und der Wunsch, der das Herz deiner Großmutter brennen ließ: *Dass du Wurzeln schlägst in der Gerechtigkeit!* Die höchste Form der Verblödung ist, sich selber Ziel und Endpunkt zu sein; nichts anderes wahrzunehmen als sich selbst und für nichts anderes einzustehen als für sich selbst; ständig in die Liebesaffären mit sich selbst verwickelt zu sein. Das ist nicht nur amoralisch. Es ist auch eine Form der Erschöpfung in sich selbst, die ins Unglück führt. Wem die Phantasie für fremdes Leid abhandengekommen ist, der ist gezwungen, übermäßig an sich selber zu leiden. Und umgekehrt: Wer mehr kennt und für mehr besorgt ist als für sich allein, den werden die eigenen Sorgen nicht mehr ersticken. Deine Großmutter war eine alte Kämpferin. Sie war der Empörung und des Zornes fähig, wo sie die Gerechtigkeit verletzt sah. Sie war fähig, das Brot der Armen zu vermissen und das Recht der Gedemütigten. Das war ihre Schönheit, und diese Schönheit wünscht sie dir.

Der letzte Wunsch der Toten: *Dass du dich streckst bis zu deiner anderen Heimat, dem Himmel!* »Es muss doch mehr als alles geben«, hat jene Dorothee gerne gesagt. »Mehr als alles« wünscht sie dir, Dorothee Wilma. Sie wünscht dir Gott. Das tun wir, wenn wir dich taufen: Wir werfen dich in die Arme jenes »Mehr als alles«, wir werfen dich in die Arme Gottes. Wir wissen nicht genau, was wir tun. Wir wissen nicht genau, was wir sagen, wenn wir den großen Namen nennen. Gott weiß es, das genügt.

Predigt bei der Trauung
von Inken Christiansen (evangelisch)
und Ingo Socha (katholisch)

Ich habe lange gebraucht, aus eurem Trauspruch Ehehonig zu saugen. »Wachet, steht im Glauben, seid mutig und stark! Alle eure Dinge lasst in der Liebe geschehen!« (1 Korinther 16,13) Zwei Teile hat der Spruch, der erste: »Wachet, steht im Glauben, seid mutig und stark!« Als Paulus diese Mahnung an die Korinther geschrieben hat, war das Leben für die Christen gefährlich, und sie konnten vor den Löwen im Circus Maximus enden. Ihr aber steht nicht vor dem Circus Maximus, ihr steht vor einer Ehe. Wachen – stehen – mutig sein und stark! Hier kommt der protestantisch-moralische Teil dieser Ehe zu Wort. Ingo, jetzt müssen wir den Katholizismus retten! Wir müssen den Schlaf, das Ausruhen, die Gelassenheit retten. Ihr beide steht nicht vor den Löwen oder vor einer Nordpolexpedition. Ihr seid beieinander angekommen. Ihr esst miteinander, ihr trinkt miteinander, ihr schlaft miteinander, ihr spült miteinander, hört miteinander Musik und betet miteinander Psalmen. Ihr seid angekommen. Die erste Fähigkeit im Land, in dem man angekommen ist und dem man trauen kann, ist nicht die Wachsamkeit, die Stärke und der Mut. Das erste, was ihr lernen müsst, ist, beieinander zu Hause zu sein. Also gerade nicht die Wachsamkeit, sondern der arglose Schlaf. Steht fest im Glauben! Der erste Glaube, den ihr lernen sollt, ist, dass euch voneinander keine Gefahr droht; dass ihr die Fenster und die Türen offen lassen könnt; dass ihr nicht auf der Hut voreinander sein müsst. Lernt als Erstes, voreinander schwach zu sein, dann könnt ihr später miteinander stark sein. Aber das kann man doch von selbst, sagt ihr. Die Ungeschütztheit, die Ungewappnetheit, die Mutlosigkeit und die Schwäche voreinander sind doch selbstverständlich, sagt ihr. Aber es ist eine schwere Kunst, sich nicht durch die eigene Stärke zu rechtfertigen. Eine schwere Kunst in der Liebe ist es, auf die Wachsamkeit gegeneinander zu verzichten. Schwer ist, voreinander zu weinen, sich trösten zu lassen, voreinander die Schwächen nicht zu verbergen, sich voreinander nicht zu rechtfertigen. Ihr kennt die Ehepaare, ältere oder jüngere, die sich darin erschöpfen, voreinander recht zu behalten. Er sagt: Liebling, weißt du noch, wie wir vor vier Jahren in Tunesien waren? Sie: Schatz, du irrst, es war vor fünf Jahren. Er: Vor vier Jahren, so steht es in meinem Kalender. Sie: Man sieht, dass du alt wirst, du verwechselst alles. Diese Ehen sind nur noch grauenvolle Burgen der Selbstverteidigung. Und wenn ihr einmal gegeneinander eure Kalender anführt, dann ruft mich an! Dann werden wir die Prügelstrafe wieder einführen. Nicht recht haben müssen ist das Zeichen einer großen Freiheit. Sich nicht rechtfertigen müssen ist der Verzicht auf das grämliche Spiel der Selbsterbauung. Sich nicht rechtfertigen müssen bedeutet den Glauben daran, dass ihr gerechtfertigt seid.

Sich lieben bedeutet, voneinander abhängig werden, vom Trost des anderen, von der Vergebung der anderen; von den Augen des anderen, die einen schön finden. Sich lieben bedeutet, auf sich selber zu verzichten. Ich meine das keineswegs zuerst im moralischen Sinn; ich meine es nicht im Sinn der Selbstaufopferung, dass jeder sofort aufspringt, wenn der Mülleimer auszutragen ist, die Socken zu waschen oder die Kartoffeln zu schälen sind. Selbstverzicht meine ich in einem grundsätzlicheren Sinn: den Verzicht darauf, sich selbst genug zu sein; den Verzicht darauf, in der Pose der Selbstrechtfertigung zu erstarren; den Verzicht darauf, gegeneinander bewaffnet und hochgerüstet zu sein. Das also ist das Erste, was mir zu eurem Trauspruch einfällt: Vergesst das Wachen, vergesst euren Mut, vergesst eure Stärke und werdet voreinander bedürftige Menschen. Je geistiger eine Kreatur ist, umso bedürftiger ist sie. Je mehr wir wissen, dass wir angewiesen sind, um so menschlicher und erträglicher werden wir. Dorothee und ich schreiben immer voneinander ab, und manchmal wissen wir im Ernst nicht mehr, wer nun wirklich die Gedankenbrote gebacken hat, die wir so lustig verteilen. Vielleicht sind wir beiden nicht besonders gute Ehevorbilder für euch, aber in diesem einen Punkt wohl. Schreibt voneinander ab. Schreibt die Lebenshoffnungen voneinander ab! Schreibt den Mut voneinander ab! Schreibt den Glauben voneinander ab! Seid nicht wie kleine Eichhörnchen, die ihre Lebensnüsse allein sammeln und fressen! Beim Prediger im Alten Testament heißt es:

> Zwei sind besser dran als einer.
> Denn fallen sie, so hilft einer dem anderen auf.
> Doch wehe dem Einzelnen, wenn er fällt
> und keiner da ist, der ihm aufhilft!
> Liegen zwei beieinander, so haben sie warm.
> Wie aber könnte einer allein warm werden?
> Und mag auch der Einzelne überwältigt werden,
> so halten doch Zweie stand. (Prediger 4,9-12)

Ein Trauspruch ist eigentlich nicht dazu da, dass der Prediger ihn bei der Trauung zerpflückt. Was also höre ich mit Zustimmung aus der Wahl eures Spruches:

»Wachet, steht im Glauben, seid mutig und seid stark!«
Ihr wollt mehr als nur euch selber. Es ist nicht nötig, dass ihr beide euch genug seid, so reichhaltig ihr beide seid. Es gibt mehr als euch, es gibt eine Welt. Es gibt Freunde und Freundinnen. Es gibt große Themen. Es gibt Geschlagene und zu Tröstende. Es gibt Arbeiten und Aufgaben. Es gibt Grund zur Empörung und Grund zum Glück, das nicht nur in euch selber liegt. Ihr habt Geschwister, leibliche und geistige. Ihr habt Väter und Mütter, leibliche und geistige, ihr sollt Kinder haben, leibliche und geistige. Ihr sollt euch nicht nur in euch selbst einkerkern, Ihr sollt nicht ineinander absaufen. Dazu seid ihr zu schade. Es gibt die Möglichkeit, in einer Ehe unsäglich zu verdummen, wenn man nicht mehr hat als sich selber; wenn man keinen Weltblick hat, sondern nur den Blick in die Augen des Ehepartners. Eine Ehe muss Kinder haben, es müssen nicht unbedingt leibliche sein. Wer nicht väterlich oder mütterlich der Welt gegenüber zu sein gelernt und geübt hat, dessen Ehe wird in dem großen Gähnen enden, weil die Welten und die Wünsche immer kleiner werden. Das ist die Stunde des Leidens an der stummen Unerheblichkeit des Lebens und an der eigenen Gleichgültigkeit. Ja, wachet! Glaubt an etwas! Erstickt nicht im Ehemief! Seid mutig und stark! Findet euch wieder im gemeinsamen Blick auf alles und alle, die eure Augen brauchen. Die Liebe zueinander in einer Ehe bleibt nur, wenn sie eine fremde Gestalt annehmen kann; wenn sie erscheinen darf als Liebe zu den eigenen Kindern, als Liebe zum Recht, als gemeinsame Empörung, vielleicht sogar als gemeinsame Liebe zum Kirchentag und als wundervollen Tratsch über diesen. Es gilt auch hier die alte Weisheit: Wer sein Leben findet, der wird es verlieren. Wer nichts an-

deres sucht, kennt und interessant findet als das eigene Eheleben, der wird es verlieren. Und umgekehrt: Wenn zwei Leute fähig sind, mehr zu suchen als sich selber und das eigene Leben; wenn sie ihr Leben und ihre Liebe verbergen können in anderen Themen und in großen Wünschen, dann werden sie geborgen sein.

»Alle eure Dinge lasst in der Liebe geschehen!«, heißt der zweite Teil eures Spruchs. Ich würde das Wort Liebe, an dem man sich so oft überhebt, gerne in die bescheideneren Münzen Recht, Respekt und Ehrfurcht umtauschen. Recht: Es reicht nicht, dauernd symbiotisch zu verschwimmen. Je näher man zusammenlebt, umso mehr muss man die Lebensrechte des anderen billigen. Er hat das Recht – sie hat das Recht, eine andere zu sein, als ich selbst es bin. Sie hat das Recht, andere Menschen zu lieben, andere Musik zu schätzen, eine andere Meinung zu haben, als ich selber sie habe. Ich plädiere für Distanz: Ingo soll Inken Inken sein lassen, Inken soll Ingo Ingo sein lassen. Es ist eine hohe Kunst, eine Glaubenskunst, einander zu lassen und nicht zu sich selber zu zwingen. Verlangt nicht von euch, das der andere, die andere euer eigenes Bildnis sei. Trottet nicht wie sich aufs Haar gleichende Ehemöpse durchs Leben, die zur gleichen Zeit den Mond anbellen und an den selben Laternenpfahl pinkeln!

Ehrfurcht voreinander und Respekt ist die andere Form der Liebe. Ihr versprecht gleich, euch zu lieben und zu ehren – wundervoll, dieses altmodische Wort »ehren«. Es gibt auf Dauer keine Intimität ohne Respekt und Ehrfurcht. Es ist wahr: Jede Liebe ist anarchistisch und durchbricht Distanzen und Formen. Es ist aber auch wahr, dass die Langfristigkeit und die Alltäglichkeit der Liebe durch ehrfürchtige Distanz und respektvolle Formen geschützt wird. Es zählen nicht nur die innere Überzeugung, die Herzensnähe und die Unmittelbarkeit. Die Form und die Distanz helfen, dass die Herzensnähe nicht verschlissen wird. Die Form wird gerade in den Ambivalenzen der Nähe und in ihrer langfristigen Gewöhnlichkeit wichtig. Wenn die Zuneigung bedroht ist und wenn man es schwer miteinander hat, ist die Form oft klüger als das Herz; ist die Höflichkeit wahrer und hoffnungsvoller als die innere Augenblicklichkeit des Menschen. Schlimm ist es, wenn man in Zeiten der Dürre nichts anderes hat als die eigene Unmittelbarkeit; wenn man nicht an Formen gearbeitet hat, die die Menschen hinüberretten in das Land der Versöhnung. Die Höflichkeit ist wie die Maske des Gelingens, die dieses vorspielt, wo es noch nicht ist. Der Mensch ist mehr als sein Augenblick. Er ist auch sein Gestern, als seine Liebe noch groß war. Er ist auch die Hoffnung auf sein Morgen, wo sie wieder wachsen wird. Die Höflichkeit und die Formen sind die in die Gesten geflossene Langfristigkeit des Menschen.

Bisher habe ich gesagt, was man sagen kann. Ich begnüge mich nicht damit, und ich nenne Gott. »All eure Dinge lasst in der Liebe geschehen!« Ich spiele mit dem Wort: Lasst geschehen! Ihr seid nicht die Hauptmeister eurer Liebe, eurer Ehe und eures Lebens. »All eure Dinge« geschehen im Blick und in der Liebe Gottes. Ihr seid nicht die einzigen Autoren der Liebe in eurer Ehe, ihr lasst die Liebe geschehen! Ihr beide seid die Aufführung, die Inszenierung des großen Liebesspiels Gottes mit den Menschen. Und so seid ihr nicht nur, die ihr seid. So habt ihr mehr Hoffnung für euch als eure eigene. Wie viele anderen werdet auch ihr mit eurer Ehe nicht ins Paradies und ins Eheschlaraffenland kommen. Trotzdem ist in allem, was ihr zusammen tut eine Ganzheit, deren Autoren ihr nicht seid. In jedem Kartoffelschälen, in jedem Buch, das ihr gemeinsam lest; in dem Streit, den ihr streitet, spielt die Ganzheit dieses Gottes, der euch nicht verlässt. Ihr steht nicht für die Endgültigkeit eures Lebens. Ihr müsst nicht Gott spielen, ihr seid nicht gezwungen, die vollständigen Garanten eurer selbst zu sein. Und darum könnt ihr ohne Panik und mit Heiterkeit Fragment sein. Man kann weit kommen mit sich selber und in einer Ehe, wenn man weiß, dass man nicht gezwungen ist, an alle Ziele zu kommen. Ihr müsst nicht eure vollständige gegenseitige Erfüllung sein. Ihr müsst nicht die besten Köchinnen und Liebhaber sein. Ihr müsst nicht jederzeit für alles Verständnis und mit allem Geduld haben. Ihr müsst nicht Gold füreinander sein, es genügt, wenn ihr Brot seid – Schwarzbrot, tägliches Schwarzbrot, wie wundervoll! Lasset die Liebe Gottes geschehen! Glaubt daran, dass Gott Gott ist, dann könnt ihr Menschen sein! Man kommt weit miteinander, wenn man weiß, dass man nicht ans Ziel kommen muss. Man hat viel voneinander, wenn man weiß, dass man nicht alles voneinander haben muss. Meine Frau, die radikaler ist als ich, wird dies vielleicht das sozialdemokratische Ehemodell nennen. Glaubt ihr nicht! Lasst euch nicht unter Perfektionszwänge stellen. Gott ist vollkommen, und er ist eure Vollkommenheit. Wir alle hier werfen euch mit allen unseren Wünschen und mit unserer Liebe für euch in seinen Namen. Ihr seid da gut aufgehoben, besser als in euren eigenen Händen.

Der Anfang eurer Freiheit
Predigt zur Segnung von Michael und Nils

Zwei Texte habt ihr mir aufgegeben, einmal den Spruch aus dem 126. Psalm, der euer Trauspruch sein soll: »Wenn der Herr die Gefangenen Zions erlösen wird, so werden wir sein wie die Träumenden.« Und dann den Text der katalanischen Schriftstellerin Mercè Rodoreda, den ich lese:

Senyora Enriqueta hatte mir einmal gesagt, dass wir nicht nur ein Leben hätten, sondern viele, und die seien alle miteinander verwoben, aber ein Todesfall oder eine Heirat, sagte sie, könnten manchmal, nicht immer, diese verschiedenen Leben voneinander trennen, und dann könnte das wirkliche Leben, das jetzt frei geworden ist von den Fäden der kleinen Leben, an die es gefesselt war, endlich anfangen und so leben, wie es eigentlich immer hätte leben sollen, wenn es die vielen kleinen Leben und die vielen schlechten nur in Ruhe gelassen hätten. Und sie sagte, dass die ineinander verwobenen Leben miteinander kämpfen und uns foltern würden, und wir selbst wüssten nichts davon, wie wir ja auch nichts von der Arbeit wissen, die unser Herz vollbringt, oder vom Tun unserer Gedärme.

Ich maße mir nicht an, den Text von Rodoreda zu verstehen, und ich kenne seinen Zusammenhang nicht. Etwas vom Leben dieser Frau weiß ich. Sie ist 1909 in Barcelona geboren. Nach dem spanischen Bürgerkrieg lebte sie im Exil in Paris, in Bordeaux und in Genf. 20 Jahre hat sie in ihrem Exil geschwiegen und nichts geschrieben, auch sie eine Gefangene aus Zion in den Gefangenschaften an der Seine, an der Rhone und an der Garonne. Auch sie hat geweint in den Gefangenschaften an den fremden Flüssen. Sie hat wie die Gefangenen Zions an den Wasserflüssen Babylons 20 Jahre keine Lieder mehr gesungen und keine Texte mehr geschrieben.

Nun dieser merkwürdige Text vom gefangenen Leben. Wir haben nicht nur ein Leben, wir haben die vielen ineinander verwobenen Leben. Wir haben das Leben, aber wir haben auch die vielen kleinen und schlechten Leben, die sich gegenseitig fesseln und sich nicht in Ruhe lassen. Und ich erweitere den Gedanken von Mercè Rodoreda: Wir haben nicht nur unsere Leben. Wir sind verwoben in die Gefangenschaften mit den anderen Leben. Wir sind auch das Museum der Hoffnungen, der Befürchtungen, des Kleinmuts und des Großmuts, der Kraft und der Verzagtheit unserer Eltern und Großeltern und deren Eltern, weit weit zurück. Wir sind nicht nur wir selbst und unser eigenes Heute. Wir sind auch die Gefangenen unserer Vergangenheit und unserer Herkünfte. Eure Toten konnten die Freiheit eurer Liebe noch nicht denken. Das ist ein Teil eurer Unsicherheit und eures Leidens als Schwule. Eure Toten brauchen auch eure Vergebung. Und diese Vergebung ist der Anfang eurer eigenen Freiheit. Erwachsen werden heißt, den Toten vergeben. Unerwachsen bleiben heißt, von den Vorwürfen gegen die Vorfahren nicht lassen können. Ihr habt angefangen zu träumen vom Ende der Gefangenschaft, aber ihr seid noch nicht da, wohin ihr eigentlich gehört, im Reiche der Freiheit und der neuen Lieder. Schon seid ihr wie die Träumenden, aber der Traum ist noch nicht ganze Wahrheit.

Nein, wir tragen nicht nur den Tod der Toten in uns. Wir sind nicht nur das Horrorkabinett der verschiedenen Leben, die in unser eigenes verwoben sind. Wir sind auch in die Träume der Toten verwoben, in ihre ersten Ahnungen der Freiheit und des Gelingens. Wir sind nicht nur verwoben in Leben, die unser eigenes Leben und unsere eigene Freiheit bekämpfen. Ihr seid verwoben in die Güte und die Wärme aller derer, die vor euch waren, und aller, die euch begleiten. Zum Glück braucht keiner einsamer Meister seiner selbst zu sein, zum Glück essen wir von den Lebensbroten, die wir nicht selber backen mussten. Die Großeltern von euch beiden sind tot. Ich habe gesagt: Vermutlich konnten sie die Freiheit eurer Liebe noch nicht denken. Vermutlich hätten sie euch heute nicht segnen können. Aber sie haben euch mit anderen Broten gefüttert, und ihr seid in ihre Liebe verwoben, die den ganzen Segen enthält und die mehr meint, als sie selber sagen und aussprechen konnten. Nein, es kämpfen nicht nur die verschiedenen Leben gegeneinander. Sie sind nicht nur eure Fesseln, sie sind auch eure Freiheit. Und so können wir, obwohl noch an den Flüssen Babylons, ein Dankeslied für die Liebe eurer Eltern, der Großeltern und aller großen Träumer und Liebhaber aus der Reihe eurer Herkunft singen. Ihr müsst euren Toten nicht nur vergeben. Die Dankbarkeit gegen die Menschen eurer Herkunft ist die zweite Stufe eurer eigenen Freiheit.

Mercè Rodoreda spricht von der fatalen Verwobenheit der verschiedenen Leben ineinander und sagt, es gebe gelegentlich eine Unterbrechung der Fatalität. Es gäbe das Aufblitzen der Freiheit und des wahren Lebens: Ein Todesfall oder eine Heirat, sagte sie, könnten manchmal, nicht immer, diese verschiedenen Leben voneinander trennen, und dann könnte das wirkliche Leben, das jetzt frei geworden ist von den Fäden der kleinen Leben, an die es gefesselt war, endlich anfangen. Ich verstehe den Satz nicht, aber ich spiele mit ihm. Der Todesfall ist die Unterbrechung der kleinen gefesselten und fesselnden Leben, das verstehe ich. Leider ist er auch die Unterbrechung des wahren Lebens. Aber was ist mit der Heirat? Ich kenne nur zwei Fälle eines Namenswechsels, der eine: Wenn einer ins Kloster geht und Mönch wird, bekommt er einen neuen Namen, man nennt ihn z. B. Fulbert. Der zweite Fall: der mögliche neue Name eines Partners bei der Trauung. Namenswechsel ist kein technischer Vorgang, er ist nicht nur ein Benennungswechsel. Im Kloster war der Namenswechsel in einer Art Grablegung des alten Menschen inszeniert. Der neue Name bedeutet die grundsätzliche Flucht aus den Fängen des alten Lebens. Offensichtlich spielt dieser Gedanke also dort eine Rolle, wo Menschen öffentlich ihre Gemeinsamkeit erklären. Es heißt auch Abschied vom alten Leben, von den Herkünften. Es heißt auch Bruch mit dem, was war. Es gibt keine Neuheit, keine Freiheit, die nicht auch Bruch und Riss bedeutet. »Gedenket nicht des Alten. Denn siehe, ich mache alles neu!« (Jesaja 43,18) Michael, ihr Katholiken wollt zwar immer alles integrieren, behalten, den ganzen Plunder mitnehmen und euch von nichts trennen. Die Erinnerung und Bewahrung ist ja auch eine lebensnotwendige Kunst. Aber die Freiheit kommt nicht ohne die protestantische Kunst der Bezweiflung des Alten, ohne die Geste der Aufkündigung und des Vergessens. Vergesst, was hinter euch liegt, und streckt euch aus nach dem, was vor euch liegt. Ihr lebt zwar schon eine Zeit zusammen. Aber eure Liebe wird hier öffentlich, notorisch, heute und an dieser Stelle. Es ist keine Winkelliebe und keine Stubenliebe mehr. Es ist eine Liebe, erklärt und gesegnet vor der Öffentlichkeit eurer Verwandten, eurer Freunde, eurer Toten und eurer Kirche. Ihr werdet die, als die ihr euch zeigt. Ihr werdet die, als die ihr euch erklärt. Die öffentliche Erklärung ist der Bruch mit dem Alten und der Anfang der Neuheit. Das war ja das Unrecht gegen Lesben und Schwule, dass man ihnen die Öffentlichkeit und die öffentliche Erklärung nicht gönnte. Auch wir, eure Freunde, werden andere und bekommen für euch andere Augen. Wir werden Nils nun immer als den Nils von Michael sehen, und Michael werden wir als den Michael von Nils sehen. Unsere Augen werden zu euren Zeugen. Und diesem Blick entkommt ihr so leicht nicht. Ihr könnt uns als Zeugen nicht so leicht beseitigen.

Und nun eine neue Verwebung und mit ihr eine neue Freiheit! Ihr beiden habt euer Leben miteinander verwoben, und ihr werdet es täglich dichter miteinander verweben, bis ihr eine einzige Textur, ein einziger Text geworden seid. Dieser Text ist gewoben aus großen und kleinen Dingen, aus miteinander schlafen und miteinander spülen; aus miteinander Gedichte lesen und miteinander das Klo säubern; aus miteinander beten und miteinander kochen. Es ist eine Textur aus guten und aus bösen Tagen, aus Streit und aus Vergebung, aus Bosheit und aus Güte. Es ist nicht mehr die alte Textur, von der Rodoreda spricht: die Fesselungen des kleinen und blinden Lebens. Es ist die Textur eurer Freiheit. Ihr werdet voneinander abhängig, und das ist der Weg eurer Freiheit. Je geistiger ein Wesen ist, um so bedürftiger ist es. Begrabt die Kinderträume von eurer Unabhängigkeit. Begrabt die kindischen Erwartungen, dass jeder sich selbst trösten, ernähren, ermutigen, lieben und vergeben soll. Werdet bedürftige Menschen! Das ist viel leichter gesagt als getan. Es ist schwer, sich trösten zu lassen. Es ist schwerer, sich vergeben zu lassen, als zu vergeben. Es ist schwer, sich auszuliefern an die Liebe und die Güte eines anderen Menschen.

Das Glück, schön gefunden zu werden
Hohes Lied 5,2-16

Die Sprache der beiden Liebenden, mit der sie die Schönheit voneinander preisen, überpurzelt sich. Die Geliebte sieht ihren Liebhaber: Sein Haupt ist das feinste Gold. Seine Locken sind kraus, schwarz wie ein Rabe. Seine Wangen sind wie Balsambeete, in denen Gewürzkräuter wachsen! Wer erkennt unter dieser Beschreibung noch die normalen Fritzen und Franzen?

Der Geliebte sieht seine Freundin: Deine Augen sind wie Taubenaugen hinter dem Schleier. Deine Schläfen sind wie eine Scheibe vom Granatapfel. Deine Zähne sind wie eine Herde geschorener Schafe, die aus der Schwemme kommen. Wer erkennt darin noch all die Liesen und Lotten, die einem täglich auf der Straße begegnen? Die beiden Liebenden spielen das alte Kinderspiel: Ich sehe was, was du nicht siehst. Kein Wunder, dass die Freundinnen der Braut diese irritiert fragen: Was hat dein Freund vor anderen Freunden voraus? Sie sehen nicht, was die Liebende sieht, und so beschwört sie diese liebende Frau: Seht doch mit meinen Augen! Seht doch, dass er der Schönste von der Welt ist! Und wenn der Kerl eine Glatze hätte, würde die Braut immer noch seine Locken sehen, schwarz wie ein Rabe. Zwei Blicke: Der Blick der nüchternen Freundinnen: feststellend, sehend, was ist, objektiv, nicht übertreibend. Es ist der vernünftige Buchhalterblick. Der zweite Blick, ist der Blick der Liebe: Er ist schöner als alle anderen, sie ist schöner als alle anderen. Die Liebe stellt man am besten nicht als Buchhalterin an. Die Liebenden finden alles aneinander schön. Das deutsche Wort »schön finden« sagt es:

Die Liebe sucht unbeirrt so lange, bis sie die Schönheit, den Reichtum, das Rabenhaar und die Taubenaugen gefunden hat. Die Liebe erschafft die Schönheit des Geliebten. Manchmal ist sie wie Gott, wenn sie die Schönheit geradezu aus dem Nichts erschafft: Creatio ex nihilo! Die Schönheit ist mir nicht zu eigen. Sie wird mir zugedacht und angesehen. Das ist der Segen der Liebe.

Am Anfang einer Liebe lassen sich die Gewichte noch leicht fälschen. Der Blick ist noch von großmütiger Blindheit. Aber nach einiger Zeit könnte es sein, dass die Locken des Geliebten nicht mehr ganz so rabenschwarz scheinen und dass die Schläfen der Geliebten nicht mehr wie eine Scheibe vom Granatapfel scheinen, sondern nur noch wie von einem gewöhnlichen Apfel aus dem heimischen Garten. Die Ekstase könnte schon leicht angestaubt sein. Aber eine der Aufgaben der Liebe ist es, nicht nur die exotischen Granatäpfel zu schätzen, sondern es zu lernen, die gewöhnlichen Äpfel zu lieben, die alltäglichen mit ihrer gewöhnlichen Köstlichkeit. Der erste, verwandelnde Blick der Liebe ist uns geschenkt. Um die erste kreative Liebe braucht man sich kaum zu kümmern. Sie überfällt einen, und man kann sich kaum gegen sie wehren. Am zweiten alltäglichen Blick der Liebe, der die Geliebte schön findet; der den Geliebten reich findet, muss man arbeiten. Wir müssen auf den Reichtum eines anderen Menschen achten und ihn sehen lernen. Erst dann sehen wir ihn. Erst dann erlebt man ihn. Wir erleben, worauf wir zu achten gelernt haben. Wir sehen, was wir zu sehen gelernt haben. Der erste ekstatische Blick der Liebe ist wie ein Überfall auf unsere eigenen Augen. Wir können uns kaum dagegen wehren, den anderen köstlich zu finden. Der zweite Blick der Liebe ist Arbeit – ein schönes Wort: Arbeit. Wir werden Subjekte in der Liebe, Gestaltende und Schaffende, wir sind nicht mehr nur von ihr überfallen. Man hat die Liebe nicht mehr einfach und naturhaft, wie man die Masern hat. (Es gibt einen dritten Blick der Liebe: im Alter und nach langer Zeit, wo man einander wieder ungezwungen schön findet. Aber das versteht ihr Studenten und Studentinnen erst später!)

Es gibt übrigens nicht nur die Arbeit, den Geliebten, die Geliebte schön zu finden. Eine ebenso große Arbeit ist es, sich schön finden zu lassen. Es ist schwer aufzugeben, Meister seiner selbst zu sein. Es ist schwer zu lernen, bedürftig zu werden. Es ist schwer, sich selber als schön zu erkennen im Blick der Geliebten. Die Geliebte des Hohen Liedes kennt diese Kunst. Sie beugt sich in entzückter Demut unter den Blick der Liebe, und die Geliebte sagt von sich mit der Stimme des Geliebten: Ich bin schön. Ich bin eine Blume in Scharon und eine Lilie im Tal. Das ist nicht das einzige, was man erkennt. Man erkennt auch sein eigenes Ungenügen gerade im Blick, der uns birgt. Wer geliebt wird, ist erstaunt darüber, dass gerade er gemeint ist; dass gerade sie gemeint ist. Aber die Erkenntnis des eigenen Mangels ist nicht das Letzte. Das Letzte ist die Lebensgewissheit, die der Blick der Liebe schenkt. Die beiden sind sich selber enteignet in den verwandelnden Blick des anderen. Das sagt der wundervolle Satz aus dem 4. Kapitel: »Du hast mir das Herz genommen, meine Schwester, liebe Braut. Du hast mir das Herz genommen mit einem einzigen Blick deiner Augen!«

Wenn alles so einfach wäre mit der Liebe! Dem Hohen Lied könnte man auch die Überschrift geben: Finden und Verlieren! Es ist ja kein einstimmiges Lied, es ist kein widerspruchsfreies Jauchzen. Die beiden suchen sich, sie finden sich, sie verlieren sich. Kaum finden sie sich in ihrem Glück, kaum genießen sie einander, da gehen sie sich verloren. »Des Nachts auf meinem Lager suchte ich, den meine Seele liebt. Ich suchte, aber ich fand ihn nicht. Ich will aufstehen und in der Stadt umhergehen auf den Gassen und Straßen und suchen, den meine Seele liebt. [...] Es fanden mich die Wächter, die in der Stadt umhergehen: ›Habt ihr nicht gesehen, den meine Seele liebt?‹« Eine Frau aus der Vorbereitungsgruppe für diesen Gottesdienst fragte empört: »Warum ist der Mistkerl weg?« Ja, warum ist er weg? Warum ist sie weg? Warum können sich die Liebenden nicht halten? Warum sprechen sie oft zueinander mit toten Stimmen? Und dann wieder mit Jubel, als sei nie eine Abwesenheit gewesen? Warum sind sie einander oft Glück und Unglück zugleich? Ich gäbe darauf gerne eine Antwort, aber ich weiß keine.

Welches dramatisches Hin und Her in dem Abschnitt, den wir gelesen haben. Dann endlich ist er da, und die Geliebte hört die Stimme des Freundes: »Tu mir auf, meine Freundin!« Und sie in schläfriger Koketterie: Ich habe mein Kleid schon ausgezogen und mir die Füße schon gewaschen. Das ausgezogene Kleid hat noch nie einen Freund gestört. Dann sie: Gegen ihre eigenen Worte läuft sie zur Tür und will dem Freund öffnen. Aber er ist weg. Und wiederum irrt sie in der Stadt umher und trifft auf die Wächter. Diesmal kommt sie nicht so gut davon: »Es fanden mich die Wächter, die in der Stadt umhergehen. Sie schlugen mich wund. Die Wächter auf der Mauer nahmen mir meinen Überwurf.« Wer sind die Wächter? Wer schlägt, wer demütigt und macht nackt? Vielleicht ist es die Gesellschaft, die geängstigt ist von der Anarchie der Liebe. Große Liebe geht über Mauern, große Liebe geht über Grenzen. Eine Grenze ist schon überschritten, indem die Frau nicht wartet, wie es sich gehört; nicht alle ersten Schritte dem Mann überlässt, wie es sich in jener und in anderen Gesellschaften gehört. Sie sucht mit Leidenschaft, sie überlässt nicht dem Mann die Initiative; sie geht in die Nacht und durch die gefährliche Stadt. Die Wächter finden sie und schlagen sie.

Wer sind die Wächter? Vielleicht sind die Liebenden selber die Wächter, die sich nicht trauen und die sich vor den Nächten der Liebe fürchten? Die Liebenden, die sich selber zurücktreiben in ihre Grenzen und hinter ihre Mauern. In der jungen Liebe steckt viel Gewalt. Vielleicht ist sie unvermeidlich. Vielleicht wächst gerade daran die Liebe. Man kann keine Wege abkürzen, auch nicht die Irrwege. Man kann nur warten auf die anderen Stunden, in denen man sich wiederfinden kann im Blick, der von aller Unruhe befreit, im Blick des Friedens. Eine der schönsten Stellen dieses Hohen Lieds finde ich gegen Schluss im 8. Kapitel. Die Geliebte spricht: »Ich bin geworden in seinen Augen wie eine, die Frieden findet.« Ein Friede, nicht mit den eigenen Waffen erkämpft und mit der eigenen Stärke gewonnen. Ein Frieden, den der Geliebte findet im Blick der Geliebten. Ich bin geworden in ihren Augen wie einer, der Frieden findet.

Liebe Gemeinde, ich berichte von einem kurzen Gespräch aus der Vorbereitungsgruppe. Ein Student sagte: »Hier im Hohen Lied ist doch wohl von der Liebe Gottes zu der Seele, und der Seele zu Gott geredet.« Eine Studentin erwiderte: »So hat man immer schon das Hohe Lied kastriert. Man hat ihm seinen erotischen Stachel gezogen, indem man in den Texten immer nur das Gottesverhältnis beschrieben sah.« Ja, die Kirche hatte es nicht sehr mit der Erotik. Ich habe neulich in einem Zug irgend ein Traktatheftchen gefunden, in dem das Thema Sexualität besprochen wurde. Zu meiner Erheiterung sah ich, dass ›Erotik‹ immer falsch geschrieben war, nämlich mit zwei ›R‹ wie ›Error‹. Wenn es aber andersherum wäre, dass nämlich die Bilder des Hohen Lieds das Verhältnis Gottes zum Menschen und des Menschen zu Gott erotisierten? Vielleicht nehmen sie es aus der schalen Einlinigkeit, als ginge alles von Gott aus und als brauchten wir nur ihn, er aber nicht uns; als gäbe es in der Beziehung zwischen Gott und Mensch nur ein Subjekt, nämlich Gott; als wäre der Mensch nur Objekt, im besten Fall Liebesobjekt. Als ich den Blick, der uns schön findet, beschrieben habe, habe ich ein doppeltes Spiel getrieben. Vielleicht haben Sie es gemerkt. Ich habe das beschrieben, was wir in unserer Tradition Gnade nennen. Gnade – wir sind nicht gezwungen, unsere eigenen Liebhaber und Schönfinder zu sein. Wir sind nicht gezwungen, ganz zu sein; denn wir werden es im Blick der Güte. Wir sind nicht gezwungen, unsere eigenen Lebenszeugen zu sein. Denn der Geist bezeugt unserem Geist, dass wir Kinder Gottes sind. Nichts macht das Leben heiterer und schöner als dieser Gedanke: Ich muss mich nicht selbst bezeugen, denn ich bin immer schon bezeugt im Blick, der mich schön findet.

Erinnern und Vergessen
Jesaja 49,13-16
Predigt zum Jahreswechsel 2001/2002

Vergessen und Gedenken sind die Stichworte des Jesaja-Textes. Das Volk sitzt in der Gefangenschaft und klagt: Gott erinnert sich nicht mehr an uns, die wir doch die Auserwählten waren. Er hat uns vergessen. Der Prophet Jesaja bringt die sanfte und zärtliche Antwort Gottes: Kann eine Mutter ihr Kind vergessen, dass sie sich nicht erbarme über die Frucht ihres Leibes? Und selbst wenn es solche vergessliche Mütter gäbe, so werde ich dich, Israel, nicht vergessen.

Ich suche die Stationen des Vergessens und des Erinnerns auf, die das Volk aus dem eigenen Land in die Gefangenschaft geführt haben. Die erste Station: Das Volk vergisst Gott. Es lebt in seinem Land Israel. Es paktiert mit den Großmächten, mal dieser mal mit jener. Es vertraut auf seine eigene Stärke und die Anzahl seiner Rosse, Waffen und Streitwagen. Großmacht zu sein wird zur Phantasie und zum inneren Bild dieses Volkes. Großmacht nach außen und Verwüstung des Rechts nach innen, dies geht immer zusammen. Der Prophet geht durch die Stadt und sucht das Recht. Er sucht es zunächst bei den Kleinen auf der Straße, und er findet es nicht mehr. Er denkt: Bei den Großen wird es sein. Sie werden den Weg des Herrn und das Gottesrecht kennen. Aber noch mehr haben die Großen das Joch des Gesetzes abgeschüttelt. Die Witwen und Waisen werden bedrückt, der Fremde wird vertrieben, die Verschuldeten werden auf die Straße gesetzt. Das Volk hat Gott vergessen. Man vergisst Gott zuerst auf der Straße, dort wo die Armen gequält und die Fremden vertrieben werden und unschuldiges Blut vergossen wird. Die Gottesdienste gehen weiter, der Tempel wird gepflegt, die Rituale und die Gebete werden korrekt vollzogen. Aber niemand merkt, dass der Tempel leer geworden ist. Gott ist ausgezogen. Auf den Straßen beten sie ihre Götzen an: das Geld und die Macht. Im Tempel beten sie das reine Nichts an. Gott hat den Tempel verlassen. Noch beruft sich das Volk auf jenes verödete Haus. Sie berufen sich auf das Gemäuer, als hätten sie Gott einfangen können im Gehäuse ihrer Mauern, Riten und Gebete. Aber – so sagt der Prophet – es sind Lügenworte. Das Volk hat Gott und sein Recht vergessen und damit seinen eigenen Ruin herbeigeführt. Das Volk wird in die Gefangenschaft geführt, erst ein Teil, dann alle, und nun sitzen sie an den Flüssen Babylons und weinen. Denn sie sind fern vom Ort ihrer Toten, sie haben keinen Tempel mehr, das Land ist ihnen weggenommen. Sie erinnern sich an das alte Land und die alten Möglichkeiten des Lebens, die sie verspielt haben. Sie singen an den Flüssen Babylons ihre traurigen Lieder: Wie können wir des Herrn Lied singen im fremden Land? Vergesse ich dich, Jerusalem, so verdorre meine Rechte. Meine Zunge soll an meinem Gaumen kleben, wenn ich deiner nicht gedenke. (Psalm 137)

Aber die Klage wird leiser, die Erinnerung an die eigene Herkunft schwächer. Man richtet sich ein im fremden Land, kaum weiß man, dass das Land fremd ist und dass man einmal eine andere Heimat hatte. Die Leute treiben Handel, sie werden nicht hart behandelt, sie heiraten und werden geheiratet. Sie singen noch mit den Lippen ihre alten Lieder von Jerusalem. Aber schon sprechen sie Sprache des fremden Landes, tragen seine Kleider und denken seine Gedanken. Sie sind sich selber unkenntlich geworden, ununterscheidbar, betäubt von der reinen Gegenwart. Schon sehen sie das Leben, die Armut, die Bettler auf der Straße und die Arbeitslosen, wie man es im fremden Land sieht, und sie haben nicht mehr Wünsche, als man in jenem heidnischen Land hat. Sie haben Jerusalem vergessen.

Es tritt der Prophet auf, Jesaja, der Meister der Sehnsucht und der Meister des Trostes. Das Erste, was er sagt, ist nicht eine Publikumsbeschimpfung darüber, dass sie den Tempel und das Land vergessen haben. Als Erstes bringt er die großen Worte des Trostes Gottes: Tröstet mein Volk! Redet freundlich mit Jerusalem. Sagt ihm, dass seine Knechtschaft zu Ende geht und dass seine Schuld erlassen ist. Das Volk klagt fatalistisch-listig: Gott hat uns vergessen, er hat uns verlassen. Fatalistisch ist diese Klage: Das Volk ist in der Gefahr, seine Erwartungen zu verlieren. Und wer nichts mehr erwartet, der ist endgültig verloren im Land, das keine Heimat ist. Die Klage ist aber auch listig: Gott hat uns vergessen, also können wir unsere Träume vergessen, den Tempel, das Recht, das Gott verlangt und das das Volk zuweilen wie ein schweres Joch empfindet. Jesaja singt das Lied von der unbeirrbaren Erinnerung Gottes: Kann eine Frau ihr eigenes Kind vergessen? Mag sein! Aber ich, euer Gott, werde euch nicht vergessen. Erinnerung ist einer der großen Namen Gottes. Gott, die Mutter, die ihre Kinder nicht vergisst! Gott, die Mutter, die ihre Kinder tröstet. Wäre doch dieser Muttername und das Mutterbild Gottes in unseren Kirchen lebendig geblieben statt der leiernden Wiederholung der Gottesnamen: Vater, König, Herr! Damit Gott nicht vergisst, hat er sich's aufgeschrieben: In die Hände habe ich dich gezeichnet! Er hat die

Namen des Volkes in seine Hand geschrieben, er hat die Stadt Jerusalem in seine Hand gemalt. Er erinnert sich. Das ist die Botschaft des Propheten.

Jesaja hat, nachdem er den Trost Gottes gesagt hat, noch eine andere Aufgabe. Er soll den Schmerz des Volkes erneuern. Er soll sein Heimweh neu wecken, das im fast gemütlichen Babylon nur noch ein schwaches Feuer ist. Und so weckt er die Sehnsucht des Volkes mit Bildern, die sich überschlagen. Er verspricht die Heimkehr aus der Gefangenschaft in das Land, in dem die Blinden sehen, die Lahmen ihren Tanz gefunden haben und die Stummen ihr Lied. Er verspricht ein Land, in dem die Wüste zum bewässerten Garten geworden ist und wo das Heil Gottes schon angebrochen ist. Er kehrt die Sehnsucht des Volkes um. Sie soll nun nicht mehr nach hinten gehen in das alte Land der Korruption, des Unrechts, wo die Großen die Kleinen gewürgt haben. Er verspricht die Heimat, in der noch keiner war. Denn noch in keinem Land haben die Blinden gesehen und haben alle Gebeugten ihren aufrechten Gang gefunden. Heimat ist nun nicht mehr das Land der Herkunft, sondern der Zukunft, in der das Recht wie Wasser fließt. Jesaja arbeitet an einer Erinnerung, die nach vorn geht. Die Leute sollen ihre Träume nicht hinter sich haben, sondern vor sich. Erinnerung an die Zukunft!

Nicht ins alte Jerusalem soll das Volk mit den großen Träumen. Es soll in das Land ohne Lebenswüsten. Die Träumer sehnen sich nach dem Land des Jauchzens, in dem die Menschen sich nicht mehr reißen, wie der Löwe seine Beute reißt. Sie sehnen sich nach Utopia, nach dem Land, das es noch nicht gibt. Damit aber sind die Menschen mit der großen Sehnsucht überall an den Flüssen Babylons, am Rhein, an der Elbe, an der Weichsel, am Mississippi. Sie sind unsichere Kantonisten, weil sie in jedem Land zu große Wünsche haben. Sie leben gefährlich. Viele sind schon in die Gefängnisse geworfen oder hingerichtet worden wegen zu großer Wünsche.

Einen Menschen ehrt oder schändet, welche Träume er hat. Ein Volk ehrt oder schändet, welche Träume es hat. Man kann an zu kleinen Wünschen sterben, ein Einzelner und ein Volk. Man dörrt aus, wenn man nicht mehr kennt als sich selber; wenn man in nicht mehr verliebt ist als in sich selber; wenn man nicht mehr verteidigt als sich selber. Das ist die eigentliche Gottesvergessenheit. Ich zitiere die schönen Sätze von Simone Weil: »Warum also sollte ich mir Sorgen machen? Es ist nicht meine Angelegenheit, an mich zu denken. Meine Angelegenheit ist es, an Gott zu denken. Es ist Gottes Sache, an mich zu denken.« Ich liebe nicht zuerst die Moral dieser Frau, ich liebe zuerst ihre Freiheit. Sie ist nicht mehr Gefangene ihrer selbst, ihrer kleinen Wünsche und Besorgungen.

Wir beenden ein Jahr. Was waren die Wünsche und die Befürchtungen dieses Jahres? Ich frage es nicht nur für uns als Einzelne, ich es frage es für uns als Volk. Was war uns wichtig, worauf waren wir konzentriert? Ich frage auch für unsere Kirche: Wen nimmt sie wahr, für wen spricht sie, wofür steht sie? Es sind Bußfragen. Wir haben gleich die allgemeine Beichte. Es gehört zur Würde des Menschen, sich in seiner Schuld zu erkennen und sich selber nicht auszuweichen. Ja, gewiss! Die allgemeine Beichte in unseren Gottesdiensten bleibt meistens sehr allgemein. Aber es ist wenigstens eine Erinnerung daran, dass dem Menschen die Größe der Einsicht und der Umkehr zugemutet ist.

Liebe Geschwister, wir beginnen ein neues Jahr. Zeitenwenden sind meistens auch Stationen apokalyptischer Ängstigungen, der Anfang dieses Jahres wohl mehr als der von vielen anderen. Man spürt einen Augenblick, dass der Boden des geläufigen Lebens doch schwankender ist, als man alltäglich annimmt. Man merkt zu solchen Zeiten, dass es nicht selbstverständlich ist, Brot, Frieden und Zukunft zu haben. Und jeder Jahreswechsel lehrt uns, dass die kommende Zeit Frist ist, ablaufende Zeit. Wir Alten wissen das besser als die Jungen, die noch die lächerliche Unendlichkeit von 50 Jahren vor sich haben. Jeder Zeitenwechsel lehrt uns die Wahrheit des eigenen Todes. Vielleicht kann man in die eigene Endlichkeit einwilligen, wenn man Segensworte wie diese hat: »Kann auch ein Weib ihres Kindleins vergessen, dass sie sich nicht erbarme über die Frucht ihres Leibes? Und ob sie seiner vergäße, so will ich doch deiner nicht vergessen. Siehe, in die Hände habe ich dich gezeichnet.«

Wir sind gezeichnet in den Händen Gottes. Sollte er je unseren Namen vergessen, so kann er ihn dort nachlesen. Wir sind in seine Hände gebrannt. Wir wissen nicht ganz genau, was wir mit solchen großen Sätzen sagen. Aber man kann sich in sie stürzen mit ganzem Glauben, mit halbem Glauben oder gelegentlich auch mit seinem ganzen Unglauben. Es gibt Sätze, für die unser Herz zu klein ist. Wichtiger, als sie zu glauben und sie mit dem Herzen zu füllen, ist, sie zu wissen, sie nicht zu vergessen, sie auf den Lippen zu haben. Die Lippen bilden das Herz, und sie wissen manchmal mehr, als das Herz verantworten kann.

»Kann auch ein Weib ihres Kindleins vergessen, dass sie sich nicht erbarme über die Frucht ihres Leibes? Und ob sie seiner vergäße, so will ich doch deiner nicht vergessen. Siehe, in die Hände habe ich dich gezeichnet.«

Die drei Todsünden Christi
Matthäus 15,21-28
Predigt in einem AIDS-Gottesdienst in Hamburg

Manchmal sind die Menschen um Christus mehr zu bewundern als er selbst, so in dieser Geschichte. Da ist eine Frau, sie ist Griechin und gehört nicht zum jüdischen Volk. Aber sie hat etwas, was alle Frauen gemeinsam haben und was sie eint: die Sorge um ihre Kinder. Die Tochter der Heidin ist krank: Besessenheit wird diese Krankheit genannt. Ein böser Geist hat sich in ihr eingenistet. Die Mutter schreit nach der Kraft Christi, von der sie gehört hat. Und er antwortet ihr kein Wort: seine erste Todsünde. Ungehört, echolos, antwortlos bleiben die Schreie der Mutter. Die Jünger legen ein gutes Wort für die Mutter ein, weniger aus Güte, sondern weil sie peinlich berührt sind. »Erledige die Sache diskret!«, sagen sie. »Sie läuft hinter uns her und führt sich unmöglich auf.« In der Tat: Diese Frau zerrt etwas an die Öffentlichkeit, wovor Menschen eigentlich verschont werden wollen. Sie zerrt die Leiden der Tochter in die Öffentlichkeit. Sie hat keine Scham, sie hat Interessen. Ihre Tochter soll leben können, sie soll gesund sein. Die Frau nimmt sich das Menschenrecht der Hoffnung und der großen Wünsche: »Erbarme dich und heile!« Sie hat keinen Stolz, sie hat Interessen. Und so verstößt sie gegen die Konventionen und macht das Unglück und die gesellschaftlich nicht akzeptierte Krankheit der Tochter, die Besessenheit, sichtbar. Schaut her! sagt sie, es gibt diese Krankheit, die niemand sehen will!

Ich will einen Augenblick bei dem Verbot der Sichtbarkeit der Krankheit bleiben. Es gibt Krankheiten, mit denen man sich in der Gesellschaft nur schwer sehen lassen kann; denen man die Würde des öffentlichen Ansehens verweigert. Der Herzinfarkt scheint dem Ansehen des Workoholic nicht zu schaden und das Magenleiden dem Manager nicht. Aids aber betrachtet die Gesellschaft als eine Verschlusssache. Sie soll, wenn sie schon existiert, sich verbergen. Sie soll uns in einer Welt, in der man fast alles machen kann, nicht daran erinnern, dass es nach wie vor tragische Hilflosigkeiten gibt und dass wir sterben müssen. Darum sollen diese Menschen aus der Öffentlichkeit und aus dem Tageslicht. Aber der Mensch braucht die Öffentlichkeit wie das tägliche Brot. Wer man ist, weiß man nicht nur in sich selber. Man muss sich zeigen dürfen, erst dann wird man sich selber einsichtig und kann man mit sich leben. Indem wir sichtbar werden, bekommen wir Gesicht. Man muss sich zeigen dürfen, auch als Kranker und mit seiner Krankheit. Die Kultur des Schweigens ist in einem tiefen Sinn eine Unkultur. Wem man verbietet, sich kenntlich zu machen, dem verbietet man zu sein. Man kann sich allein in der eigenen Krankheit nicht annehmen. Annehmen kann man sich nur, wenn man angenommen wird. Man kann sich nur dann selber ansehen, wenn zugleich die Öffentlichkeit einen ohne Panik ansieht. Wir werden Rechenschaft darüber ablegen müssen, wir als Einzelne, als Gesellschaft und als Kirche, wo wir Menschen an die namenlose Orte abgedrängt und unsichtbar gemacht haben. Den Menschen, mit denen wir leben, schulden wir die Öffentlichkeit unseres Blicks. Wir schulden ihnen das Ansehen, nicht weil sie es verdienen, sondern weil sie Menschen sind. Es gibt viele Weisen, Menschen zu vernichten. Eine davon ist, sie nicht wahrzunehmen; ihnen nicht erlauben, sich kenntlich zu machen; ihnen verbieten zu sein, die sie sind. Welche Erleichterung wäre es für unsere Aidskranken, sagen zu können, wer sie sind, woran sie leiden und welche Hoffnungen sie haben. Wir gewinnen uns selber, wenn wir keinen im Dunkeln lassen und wenn keiner von unseren Blicken verstoßen wird. Die Frau aus Syrophönizien hatte ihre Scham verloren, denn sie hatte Interessen. Und so kommen das Unglück der Tochter und ihre eigenen Wünsche ans Tageslicht. Jesus aber antwortete ihr kein Wort.

Die zweiten Todsünde Jesu: »Bring' die Sache in Ordnung!«, sagen die Jünger, sie ist peinlich genug. »Diskretion, liebe Frau, Diskretion!«, sagen sie. Dann endlich redet Jesus, nicht zur Frau, aber zu den Jüngern: Ich bin nur gesandt zu den verlorenen Schafen des Hauses Israel. Sie ist eine Heidin, sagt er. Sie gehört nicht zu uns, und so hat sie keinen Anspruch. Die zweite Todsünde: zu sagen, sie gehört nicht zu uns! Nicht wer uns braucht, gehört zu uns, sagt er. Sondern nur die, die unserer eigenen Art sind, unseres Blutes, unserer Lebensauffassung, unserer Religion gehören zu uns und haben Anspruch auf uns.

Es gibt Gesellschaften mit Eindeutigkeitszwängen, die viele Opfer schaffen. Sei, wie wir sind, oder geh! ist der Grundbefehl. Es entstehen merkwürdige Ängste, wenn Andersheiten oder Abweichungen wahrgenommen werden: der andere Glaube, die andere Sexualität, die andere Hautfarbe. Es ist vielleicht nicht so sehr die Bosheit der Menschen als ihre Angst, ihre tiefe Irritation, wenn man sich im anderen nicht gespiegelt findet, sondern wenn man auf den Fremden stößt. Es ist die Unsicherheit bei der Erkenntnis, dass man nicht einmalig und einzigartig ist. Das kränkt unseren Narzissmus. Je sicherer man in der eigenen Art, dem eigenen Lebensentwurf, dem eigenen Glauben und Lebensdialekt ist, umso mehr kann man Andersheiten ertragen. Vielleicht ist es auch eine Frage an unseren Glauben an Gott. Je mehr ich glaube, dass ich nicht der Grund der Welt bin; dass die Welt nicht an meiner eigenen Art und an meinem eigenen Wesen genesen muss, umso mehr bin ich befreit zur Gnade der Endlichkeit. Ich muss nicht alles sein: Gottseidank! Meine Religion, meine Sexualität, meine Lebensauffassung müssen nicht alles sein: Gotteseidank! Erst ein endlicher Mensch ist ein geschwisterlicher Mensch. Erst ein endlicher Mensch, der seiner eigenen Einzigartigkeit entsagt hat und seine Endlichkeit angenommen hat, kann Fremde neben sich sein lassen. Er muss sie nicht unter Verdacht stellen, und er muss sich nicht durch sie bedroht fühlen. Es gibt Grenzen, ja, die Grenzen zwischen Judäa und Syrophönizien, zwischen Deutschland und Polen, zwischen Buddhisten und Christen, zwischen der einen Form des Lebens und der anderen. Es ist gut, wenn man weiß, in welchem Land man selber wohnt und wer man selber ist. Aber es müssen nicht feindliche Grenzen sein. Und eines soll diese Grenzen immer und ohne Visum passieren dürfen: das Leid der anderen. Wie schön der grenzüberschreitende Blick auf den Schmerz derer, die nicht zu uns gehören; die nicht unserer Art, unseres Blutes, unserer Hautfarbe, unserer Sexualität sind! Die Frau aus Syrophönizien ist mit ihrem Leid über die Grenze gekommen, und am Ende hat ihr Glaube Christus bekehrt.

In welcher Gesellschaft leben wir, in der narzisstischen Einmaligkeitsgesellschaft oder in einer Gesellschaft, die die Freiheit ihrer eigenen Endlichkeit erkannt und angenommen hat? Es ist keine Frage: Wir alle sehen die Exkommunikationslüste dieser Gesellschaft; wir alle leiden unter ihren Eindeutigkeitszwängen. Lassen Sie uns nicht nur dies sehen. Wir sind es unserer eigenen Hoffnung schuldig, die Widersprüche in der Gesellschaft zu sehen. Nur an Widersprüchen kann man arbeiten. Und so sind wir es uns selbst schuldig, genau wahrzunehmen, wo unter uns die Syrophönizierinnen zugelassen werden; wo die Gesellschaft freiheitlicher, geduldiger und angstloser wird. Wir sind schon einen langen Weg gegangen. Lasst uns sehen, woher wir kommen und was wir erreicht haben, um nicht mutlos zu werden!

Die dritte Todsünde Jesu: Er spricht von der Frau wie von einem Hund. Sie fällt vor ihm nieder und sagt den menschlichsten aller Sätze: Hilf mir. Und er, wiederum nicht zu ihr, sondern ins Allgemeine sprechend: »Es ist nicht recht, dass man den Kindern ihr Brot nehme und werfe es vor die Hunde.« Die Größe Jesu liegt in dieser Geschichte nicht in seinem Verhalten, sondern darin, dass er die Frau bewundert, die ihn überlistet hat mit ihrer wundervollen Dialektik der Hoffnung: Auch die Hunde fressen von den Brosamen, die vom Tisch ihrer Herren fallen. Da endlich spricht er zu ihr: »Frau, dein Glaube ist groß. Dir geschehe, wie du willst.« Und ihre Tochter wurde gesund zur selben Stunde.

Die Größe Christi liegt in der Bewunderung der Frau. Die Größe der Frau darin, dass sie ihre Wünsche nicht verloren hat. Sie geht damit auf die Straße, sie lärmt, sie stört, sie fährt dazwischen, sie lässt sich nicht vertreiben, sie findet sich nicht ab. Sie setzt darauf, dass das Leben gut ist, und darum soll es gut werden, und ihre Tochter soll wieder einen freien Geist haben. Grenzenlos ist sie in ihrer Hoffnung.

Liebe Geschwister, fast alles, was ich bisher gesagt habe, war keine Predigt. Man kann es sich mit gesundem Menschenverstand sagen. Aber die Frau mit ihrer unbegrenzten Hoffnung lehrt mich, etwas zu sagen, was man eigentlich nicht sagen kann. Ich möchte die unbewiesenen Behauptungen nicht unterschlagen, die für die Gesunden und die Kranken aufgestellt sind; für die mit einer kurzen Lebensfrist und für die mit einer längeren Frist. Frist, zu Ende gehende Zeit ist das Leben für jeden. Behauptungen der Hoffnung fangen an mit den Worten: Einmal wird es sein. Ich sage sie mit der fremden Stimme der Bibel, mit der schon viele ihre Hoffnung gesagt haben: Einmal wird es sein, dass der Tod vernichtet ist auf immer. Einmal werden die Tränen abgewischt sein von jedem Angesicht. Einmal wird die Schmach der Geplagten ein Ende haben. Es sind keine verstehbaren Sätze, es sind fremde Worte. Aber wie könnte man sie nicht sprechen, wenn man die Opfer sieht und all die Söhne und Töchter mit den sie quälenden Geistern; auch wenn man sie gegen die eigene Hoffnungslosigkeit spricht; auch wenn man sie nur als eine Fremdsprache spricht, geborgt von der großen hoffenden Syrophönizierin! Wir nennen den Namen Gottes in unseren Gebeten. Wir wissen nicht so genau, was wir damit sagen. Das eine wissen wir: dass wir mit diesem Namen aufs Ganze gehen; dass wir mit diesem Namen die große Unbescheidenheit lernen, die mit nicht weniger zufrieden ist als mit der Freiheit der Besessenen, dem Augenlicht der Blinden, der Sprache für die Verstummten und dem Leben für die Toten.

Der Tanz der Leichtfüße
2. Samuel 6,14-23

»Ausgerechnet du!«, hat meine Frau gesagt, als sie hörte, ich solle übers Tanzen predigen. Ihr Satz ist zwar ein guter Predigtanfang, aber sonst war er doch eher entmutigend. Davids Frau Michal lacht über David, als sie ihn tanzen sieht, und sie verachtet ihn. Meine Frau verachtet mich eher, weil ich ein Tanzmuffel bin. Aber wenn man schon nicht tanzen kann, soll man wenigstens über das Tanzen predigen. Man predigt ja nicht nur über das, was man kann, sondern auch über das, was man entbehrt und was man können möchte. Darum sind Zweifler oft sehr gute Glaubensprediger.

Aber zurück zum Tanz! Ich will einen Augenblick bei der Tanzmuffligkeit der Männer bleiben. Ich vermute, dass meine Frau nicht die Einzige ist, die sich beklagt. Was könnte dahinterstecken? David, der Ausnahmemann, tanzt vor dem Herrn mit aller Macht. Er entblößte sich offenbar bei diesem Tanz, und Michal, seine Frau, wirft ihm vor: »Wie herrlich ist heute der König von Israel gewesen, als er sich vor den Mägden seiner Männer entblößte, wie sich die losen Leute entblößen!« Und David antwortet: »Ich will vor dem Herrn tanzen, der mich erwählt hat. Ich will noch geringer werden als jetzt, und ich will niedrig sein in meinen eigenen Augen. Aber bei den Mägden, von denen du geredet hast, will ich zu Ehren kommen.«

Anarchie! sagt Michal, die tanzfeindliche Ausnahmefrau. Der König tanzt und hopst umher. Er wird niedrig in seinen eigenen Augen und vor den Leuten seines Standes. Scheißegal! sagt David. Lieber bin ich bei den Mägden beliebt als bei dem hochnäsigen Hofvolk. Die

Ekstase des Tanzes löst offensichtlich Ordnungen auf, die Ordnung von unten und oben, von König und verachteten Mägden. Es gibt eine ekstatische Wildheit der körperlichen Unmittelbarkeit – der Sexualität, des Singens, des Tanzens, des Weinens, des Lachens –, die Ordnungen zersetzt und Grenzen überspringt. David entblößt sich bei seinem Tanz vor der Bundeslade. Der König, der Garant der Ordnung, wird ordnungswidrig. Übrigens sind alle autoritären Systeme gegen jede körperliche Unmittelbarkeit. Dieser Davidstanz ist etwas anderes als die gesellschaftlich und kirchlich genehmigten Tänze. Kirchlich erwünschte Tänze gibt es natürlich. Ich denke etwa an die Echternacher Springprozession: Drei Schritte vor, zwei zurück! Wie kirchlich! Es gibt also Tänze, die Ordnung bestätigen und sie wiederholen, und es gibt die wilden Davidstänze, die unberechenbar sind; die Neues tanzen; die Oben und Unten nicht mehr achten.

Das andere Moment, das Michal, die Standesbewusste, kritisiert: Der König entblößt sich. Er weiß nicht mehr, dass er König ist. In jenen alten Zeiten war ein Kleid nie nur ein Kleid, es war der Wesensausdruck der Person. Der König entblößt sich, d. h. er wird ein anderer. Er kann sich nicht mehr auf sich und seine Würde berufen. Er gerät in die Nähe der Mägde. Michal hat mit den Männern Angst vor Unmittelbarkeit und Selbstverlust. Nicht weinen in der Öffentlichkeit, sich in der Hand haben, sich beherrschen, sich nicht in seinen Gefühlen zeigen, Haltung bewahren – das sind ja eher Eigenschaften, die man von den Männern erwartet und die die Männer von sich selbst erwarten. Wenn ich aber tanze, wenn ich wild tanze, dann gerate ich außer mir. Ich habe mich nicht mehr in der Hand. Ich entblöße mich in der Seele und manchmal auch am Leib. Ich werde schutzlos und einsichtig. Ist das etwas für Könige? Ist das etwas für Männer?

Von jener tanzkritischen Michal heißt es am Ende der Erzählung: »Michal, Sauls Tochter, hatte kein Kind bis an den Tag ihres Todes!« Die Bibel ist manchmal so plump und rachsüchtig wie die Bild-Zeitung. Keine Kinder haben hieß ja für die Frauen jener Zeit: keine Ehre haben, keinen Schutz haben, keine Zukunft haben. Vielleicht sagt der Satz über Michal trotz seiner Unmenschlichkeit etwas über den Tanz aus. Das Tanzen ist ja auch die versprochene Bewegung der erfüllten Zukunft. Der Prophet Jeremia verheißt im Namen Gottes den erneuerten Bund. Er verspricht: »Es wird die Zeit kommen, da die Wächter auf dem Gebirge Ephraim rufen: Lasst uns hinaufziehen nach Zion zum Herrn, unserem Gott! ... So spricht der Herr: ... ich will sie sammeln von den Ende der Erde, auch Blinde und Lahme, Schwangere und junge Mütter... Sie werden weinend kommen, aber ich will sie trösten und leiten. Wohlan, ich will dich wiederum bauen ..., du Jungfrau Israels, du sollst dich wieder schmücken, Pauken schlagen und herausgehen zum Tanz.« (Jeremia 31) Wenn einmal die Versprechungen Gottes für die Blinden und Lahmen, für das verstreute und gequälte Volk Wirklichkeit geworden sind, dann wird man Pauken schlagen und tanzen, dann wird man Musik machen und tanzen. Wo man noch unter dem Bann der bitteren Notwendigkeiten steht; wo das Essen und das Trinken, der aufrechte Gang der Menschen und ihre klare Stimme keine Selbstverständlichkeit sind, da hat man es schwer mit dem Tanzen, da geht man mühsam; da hat man es schwer mit dem Singen, da seufzt man. Aber einmal wird es sein, dass unsere Füße nicht mehr schwer und lahm sind und unsere Stimme nicht mehr krächzt. Einmal werden wir tanzen und singen. Einmal wird der Bann der bitteren Notwendigkeiten zerbrochen sein, und wir werden angekommen sein im leichtfüßigen Land des Spiels. Versprochen! sagt Gott.

»Leichtfuß« nennt man einen Menschen, dessen Füße schon jetzt zucken, als hörte er die Pauken von morgen, aus dem Land der Versprechungen. Leichtfuß mag Michal ihren David genannt haben. Aber es kommt kein Tanz, der nicht vorgetanzt wurde. Unser gegenwärtiger Tanz ist das Vorspiel der Freiheit. Man tut schon heute, als könnte man das Fliegen von morgen. Man tut schon heute, als könnte man die Begrenztheit des Gehens und der langsamen Füße überwinden. Man hört schon die große Musik aus dem anderen Land, in das die Weinenden und die Verlorenen gekommen sind. Man tut, als könnte man schon heute alle Erdenschwerkraft überwinden, springen und im »Tanze dahinfliegen«. Nichts wird kommen, was nicht vorgespielt wurde. Kein Land der Freiheit wird kommen und keine Lebensfülle, die nicht vorphantasiert, vorweggetanzt, vorgemalt und vorgesungen wurde. Vielleicht hat die Kunst, und so auch die Tanzkunst, mit der Religion die Ungeduld gemein. Beide wissen, dass wir hier noch nicht endgültig Zu Hause sind. Beide vermissen die Lieder der Stummen, das Augenlicht der Blinden und den aufrechten Gang der Gebückten. Beide sind nicht völlig zu Hause in einem Land, in dem noch nicht alle lachen und zu Hause sind. Beide sind phantastische Spieler und Vortänzer der anderen Welt, und sie halten die Hoffnung auf die andere Zukunft wach. Arme Michal, sie missbilligt den Tanz und sie hat keine Kinder, keine Hoffnung und keine Zukunft. (Wir wollen aber einen Schritt weitertanzen als die Bibel und sogar auf die Kinder der unfruchtbaren Michal hoffen!)

Der Leib ist oft klüger, mutiger und hoffnungsreicher, als der Geist und die Worte es sind. Wozu die Worte nicht ausreichen, das kann man schon vorspielen. Wozu der Geist nicht mutig genug ist, das kann man schon tanzen. Tanzen heißt beten mit den Beinen, und darum ist es ein besonders kräftiges Gebet. Tanzen heißt klagen, wünschen, hoffen mit den Beinen und mit dem ganzen Leib. Tanzen heißt, die Empörung, die Wünsche und die Hoffnungen aufführen, und die Aufführung macht sie stark. Wir haben hier ein Problem mit dem Protestantismus. Er setzt auf das Wort. Darum reden die Protestanten. Sie tanzen das Reich Gottes nicht herbei, sie reden es herbei. Und wenn es nach der Menge der protestantischen Rede ginge, müsste es schon dreimal da sein. Aber die Hoffnung kommt nicht mit dem Wort und mit dem Argument aus. Sie braucht den starken Bruder, den Leib. Sie braucht die Füße, sie braucht die Hände, sie braucht die Gesten. Der Glaube, der nur Wort bleibt und nicht Figur wird, bleibt blässlich, er ist unerotisch wie ein pensionierter Erzbischof. Am Ende seines Lebens hat sich Franz von Assisi selbst angeklagt, dass er seinen Leib, den Bruder Esel, zu sehr verachtet habe. Vielleicht lernen wir Protestanten diese Klage auch einmal, und wir lernen die Bewegung achten: den Tanz, die Wallfahrt, die Perle des Rosenkranzes, die durch unsere Hände gleitet, das Kreuz, dass wir auf unsere Stirn zeichnen, die Prozession. Das alles sind kleine Tänze der Klage, der Freude oder der Hoffnung.

Ohne Tanz keine Kinder, liebe Michal! Ohne Aufführung bleibt der Glaube an die Zukunft schwach, hat man wenig, was einen erfreut und tröstet. Und das

Gegenteil: Ohne Kinder keinen Tanz! Was kann das heißen? Ich habe für den Tanz plädiert, für die andere Sprache der Wünsche. Man muss aber auch Wünsche haben, um tanzen zu können. Man muss fähig sein, sich zu empören. Man muss väterlich und mütterlich dem Leben gegenüber sein. Man muss fähig sein, das Augenlicht der Blinden zu vermissen und den aufrechten Gang der Gebeugten. An alle, die tanzen wollen, geht die Frage: Wofür steht euer Tanz? Welche Leidenschaften habt ihr? Beten kann, wer weiß, wofür er betet. Tanzen kann, wer weiß, was ihn in die große Bewegung treibt. Und nun kommt doch noch Michal zu Ehren mit ihrer Tanzkritik. Ehrenwert ist die neue Bewegung in unseren Kirchen, die mehr verlangt als das Wort. Aber was verlangt sie wirklich? Was ist das »mehr«? Könnte es sein, dass darunter Gruppen sind, die nicht mehr verlangen als sich selber? Könnte es sein, dass da Menschen der Kraft und der Stimme der fremden Tradition überdrüssig sind und in größter Bescheidenheit nur sich selbst erfahren, sich selbst fühlen wollen, nur selber vorkommen wollen? Das sind die Kindergeburtstagsgottesdienste, bei denen man vielleicht geduldig mitspielen kann, von denen aber keiner satt wird. Warum soll ich denn im Gottesdienst mir selber vorkommen, ich komme mir schon den ganzen Tag vor. Haben wir mehr als uns selbst? Wollen wir mehr als uns selbst? Haben die Kirchen eine große Leidenschaft? Ihre Gesten, ihre Figuren, ihre Worte werden durch ihre Leidenschaften gefüllt. Auch Tänze können hohl sein, nicht nur Worte. Und bei einigen Tänzen gibt es gute Gründe, mit Michal zu höhnen.

Tänze sind das Vorspiel des Lebens im anderen Land, in dem die Wüste schon fruchtbar geworden ist. Aber wir leben nicht nur im Vorspiel, wir sind nicht nur Ausschauhaltende, wir sind nicht ewig Morgige, die kein Heute und keinen Schimmer erfüllter Gegenwart haben. Wir leben heute, wenn auch noch nicht in der Fülle. Wir erleben Freundschaft und Liebe, wir trinken Wein, wir sehen den Aufgang der Sonne und ihren Untergang. Wir sehen die Schöpfung und sprechen die Worte der Bibel nach: Und siehe, es war gut. Wir danken und wir loben. Das Leben zu loben und Gott zu loben am Leben ist eine der Grundfähigkeiten des Menschen. Der Mensch wird überhaupt nur erträglich, wenn er auch loben und danken kann. Wir schaffen die Welt neu, indem wir Stimme haben, sie zu loben. Vielleicht wächst gerade bei älteren Menschen das Bedürfnis und die Kraft, Gott zu loben. Nein, es ist nicht so, dass ältere Menschen automatisch frömmer, naiver und abgefundener werden. Mit dem Alter wachsen auch die Lebenszweifel. Man hat viel gesehen, manchmal zu viel. Aber gerade darum wächst das Bedürfnis, das Leben zusammenzukriegen. Wo die Skepsis wächst, kann auch das Bedürfnis wachsen, der Skepsis die Güte des Lebens vorzuhalten; kann die Kraft wachsen, das Lob einzuwenden gegen die totale Skepsis. Und noch einmal zum Tanz: Er ist auch das in die Bewegung geflossene Lebenslob; der in die Geste geflossene Lebensdank. Wenn man der Freude und des Lobens fähig ist, bleibt man nicht auf der Stelle stehen, die Arme hängen nicht herunter und die Stimme bleibt nicht gesenkt. Sehen Sie sich die Fans an, wenn für St. Pauli ein Tor fällt! Sie sagen nicht in nordischer Gelassenheit: Es ist gerade ein Tor gefallen. Wo man der Freude fähig ist und wo man dankt, da springt man, man jauchzt, man wirft die Arme in die Luft. Man tanzt. Vielleicht sehen wir es am besten bei Kindern, wie sie ihre Freude und ihren Dank in Bewegung umsetzen. So ist der Tanz der sinnliche Ausdruck des Lebensdanks. Er ist die Frömmigkeit der Beine.

Dass wir so wenig tanzen, hat vielleicht doch mit unserem Gottesbild zu tun. Wenn wir überlegen, was unserem Körper in den Kirchen erlaubt war, finden wir, dass beinahe alle Gesten demütig und gemessen sein sollten. Ehrfurchtsvoll stehen, andächtig sitzen, knien, sich verbeugen, sich an die Brust schlagen. Ehrfurcht und Demut sind schöne Wörter, aber es sind nicht die einzigen. David hat vor der Lade getanzt, bis er lächerlich wirkte. Glauben wir an den Gott, der unser Lachen will, unsere Freude, unsere Ausgelassenheit, unsere blitzenden Augen und unseren Tanz? Oder glauben wir nur an den Gott, der unsere Reue, unsere Buße und unsere Niedergeschlagenheit will? Wie untänzerisch sind z. B. die meisten unserer Abendmahlsliturgien. Wir stehen da wie Schüler, die ein schlechtes Zeugnis erwarten. Wir sagen mit unserem Körper nicht, dass das Abendmahl das große Liebesspiel Gottes mit uns Menschen ist. Wir tanzen nicht. Lassen Sie uns an den Gott glauben, der das Feuer erschaffen hat, das Wasser, den Abend und die Nacht, das Begehren der Menschen und ihre Liebe! Lassen Sie uns an Gott den Schöpfer glauben, und wir fangen an zu tanzen.

Die alte Dame und ihre Geburtsurkunde

Die alte Dame! Es ist ihr manchmal so schrecklich nachdenklich zumute. Dann zieht sie ihr Schwarzseidenes an und kramt gerührt über sich selber in alten Briefen, Papieren und Urkunden. Dabei stößt sie auf ihre Geburtsurkunde. An Pfingsten hat sie Geburtstag. Sie liest, wie sie angefangen hat und wie sie gedacht war. Es ist in jener Urkunde (sie steht übrigens in der Apostelgeschichte!) von wilden Sachen die Rede: vom Sturm des Geistes, vom Feuer des Anfangs und vom Mut der ersten Zeugen. Und sie erschrickt, wenn sie noch des Erschreckens fähig ist. Denn in dieser Geburtsurkunde liest sie von einer alten und lange vergangenen Schönheit. Betulich und langsam, wie sie geworden ist, liest sie, dass sie einmal als junger, wilder Wein gedacht war. Sie liest, dass sie einmal so voll des Geistes war, dass man sie für betrunken gehalten hat – schon um neun Uhr morgens. Jetzt hält sie niemand mehr für betrunken. Sie genehmigt sich nur noch selten ein Gläschen Geisteslikör. Sie ist ehrbar geworden. Sie geht ja auch mit ehrbaren Leuten um, mit Professoren und Hauptpastoren, mit Ministern und Exzellenzen, mit Superintendenten und mit Generalsuperintendenten. Sie isst mittags mit Generaldirektoren und abends mit Oberstaatsanwälten. Da kann man doch nicht tun, als sei man erst zwanzig. Aber wie war die alte Dame gedacht bei ihrer Geburt, und was hat man ihr in die Wiege gelegt?

Ich lese in ihrer Geburtsurkunde: Es wird zunächst eine Merkwürdigkeit berichtet, die Erfüllung eines Urtraums der Menschen: dass alle einander verstanden. Der Geist war über die Jünger und Jüngerinnnen in jener frühen Stunde des Tages gefallen, sie fingen an zu predigen, und jeder der herbeigelaufenen Neugierigen hörte sie in seiner eigenen Sprache reden. Alle verstanden, was gesagt wurde.

Es gibt eine andere Sprachengeschichte am Anfang der Bibel, es ist die Geschichte des Turmbaus zu Babel. Es wird erzählt von einer Zeit, da alle eine einzige Sprache sprachen. Schon hatten sie Angst, sie könnten diese Sprache verlieren und einander fremd werden. Schon hatten sie Angst, sie könnten zerstreut werden und einander nicht mehr finden. Da bauten sie einen Turm. Er sollte bis an den Himmel reichen, seine Spitze sollte überall zu sehen sein, und er sollte ihre Einheit retten. Gott hat diesen Traum zerstört. Man weiß nicht genau, warum; wie man sich manchmal fragt, was Gott sich so denkt. Jedenfalls war es seitdem ein Traum, dass die Menschen ihre Sprache verstehen; dass einer weiß, was der andere meint; dass einer gegen den anderen sein Misstrauen begraben kann; dass eine dem anderen Schwester sein kann und einer dem anderen Bruder. Nun in der frühen Pfingststunde wird der Traum wahr: Jeder versteht die Sprache des anderen. Ich verstehe dich – sagen sie. Ich weiß, wer du bist. Ich fürchte mich nicht vor dir.

Die alte Dame, versunken in die Urkunde ihrer Geburt, überlegt einen Augenblick, ob der Zustand vor dem Turmbau zu Babel nicht doch besser war, wo es überhaupt nur eine Sprache gab. Zu Pfingsten, denkt sie, hat man sich zwar verstanden, aber es gab eben viele Sprachen. *Eine* Sprache in der Kirche, denkt die alte Dame. Das wäre praktisch. Es wäre höchst angenehm, denkt sie, wenn unsere Hauptpastoren sprächen wie Dorothee Sölle. Ach nein, überlegt sie: Doch lieber Dorothee Sölle wie unsere Hauptpastoren! Es wäre alles so praktisch und gut kontrollierbar, wenn die Katholiken, die Orthodoxen, die Methodisten, die Reformierten alle sprächen wie die Hamburger Lutheraner, eine Sprache! Aber die Ordnung und die Kontrollierbarkeit hat nun einmal nicht im Interesse des Pfingstgeistes gelegen. Sie werden verstehen – ja, das ist versprochen. Nicht versprochen ist die Einförmigkeit der Sprache. Da röten sich die Wangen der alten Dame, sie tritt mit dem Fuß auf und sagt: Gut so! Schön ist die Vielfalt, und langweilig ist die Einförmigkeit. Und für einen Augenblick ist sie wieder jung wie das wilde Mädchen, das sie einmal war.

Die alte Dame liest weiter in der Urkunde ihres Anfangs. So hat der Prophet Joel geweissagt: »In den letzten Tagen will ich meinen Geist ausgießen auf alles Fleisch: Eure Söhne und eure Töchter sollen weissagen; eure Jünglinge sollen Gesichte sehen, und eure Alten sollen Träume haben. Auf die Knechte und die Mägde will ich von meinem Geist ausgießen, und sie sollen weissagen.«

Die alte Dame wird nervös. Das ist die Revolution, denkt sie! Wir haben doch unsere Gremien für Träume, Welterklärungen, Vorausplanungen und Weissagungen. Wozu sind unsere theologischen Kommissionen da, wenn da Knechte und Dienstmädchen zuständig werden sollen für die Wahrheit; wenn die Alten, die mit ihrer milden Resignation am erträglichsten sind, plötzlich mit neuen Lebensvisionen daherkommen. Das ist nicht im Sinne der EKD und der anderen kirchenleitenden Instanzen, denkt sie. Das ist von unten nach oben gedacht. Aber, seufzt die alte Dame erleichtert, es ist ja gerade noch gut gegangen. Wir haben den Geist ganz gut von oben nach unten geregelt gekriegt. Es könnte sogar noch etwas mehr Papst sein, denkt sie. Doch ihr evangelisches Herz schämt sich sofort dieses Gedankens.

Einen Rest von Anarchie hat sich die alte Dame bewahrt, und sie spielt mit dem Gedanken – heimlich natürlich und ihn vor den eigenen Kirchenleitungen verbergend –, wie es wäre, wenn der Geist unten gesucht würde; bei den Kindern, bei den Konfirmanden, bei den Schwulen und Lesben, bei den Frauen, bei den Arbeitern. Die Alte wird aufgeregt und stellt sich vor, ihre Presbyterien und Synoden seien nicht nur mit Studienräten, Pfarrerinnen und Gehaltempfängern höherer Stufen besetzt. Sie stellt sich vor, Ausländer wären darin; eine Prostituierte wie zur Zeit Jesu und einige Handwerker, beispielsweise Fischer und Schreiner wie in jenen Zeiten. Die Alte denkt an ihre ministeriellen Bekanntschaften und vertreibt diesen Gedanken.

Sie blättert weiter in ihrer Urkunde und stößt auf einen Bericht, den sie schon ganz verdrängt hatte: Die jungen Christen blieben beständig in der Lehre der Apostel, in der Gemeinschaft, im Brotbrechen und im Gebet. Und dann liest sie etwas geniert: »Alle aber, die gläubig geworden waren, blieben beieinander und hatten alle Dinge gemeinsam. Sie verkauften Güter und Habe und teilten sie aus unter alle, je nachdem es einer nötig hatte.« War das wirklich so?, denkt die alte Dame. Was man doch vergisst!

Dem Geist von Pfingsten und dieser träumenden Gemeinde war die Einheit in blassen Glaubenssätzen nicht genug, ja, sie waren nicht einmal sehr daran interessiert. Sie teilten ihre Träume, sie teilten ihre Gebete, und sie teilten ihr Geld. Das war der Anfang! Das steht in der Geburtsurkunde! War das mit dem geteilten Geld nicht eher geistlich gemeint?, fragt sich die Alte. Aber dann erinnert sie sich daran, dass der Pfingstgeist immer so plump direkt ist; nicht so vergeistigt, wie man ihn eher haben möchte; so peinlich wörtlich; so materialistisch. Es steht da, und dann wird es wohl auch so gemeint sein! Manchmal, denkt die Alte aufsässig, könnte man besser leben, wenn es keine Urkunden gäbe.

So also war ich gemeint, denkt die alte Dame Kirche. Das war der Anfang und der große Traum: Jeder sollte die Sprache des anderen verstehen; jeder sollte Gesichte haben und der Wahrheit näher sein, nicht nur die Profis oben; alle sollten miteinander das Gebet, das Brot und das Geld teilen. Sie sieht sich, und wird traurig. Was ist noch da von der Schönheit des Anfangs? Ist wirklich nicht mehr geblieben als das Gehäuse, die Ordnungen, die Theologien und die Oberkirchenräte?

Es ist mehr da. Einmal sind die Urkunden da, die Träume des Anfangs und die Geschichte vom Gelingen. Die Kirche ist ein Haus, das nicht so sehr aus Steinen gebaut ist als aus Geschichten von der Würde des Menschen und von dem Reichtum, der uns zugedacht ist. Wir haben Urkunden, wir haben alte Texte. Die Texte lehren uns wünschen. Ein Mensch wird nicht nur schön durch alles, was ihm gelingt. Es machen ihn auch seine Wünsche schön. Es macht ihn auch sein Durst nach dem ganzen Leben und nach dem Geist schön – nach dem Geist in geistlosen Zeiten. Und es macht uns auch die Trauer schön, die kommt, wenn wir uns vergleichen mit den Träumen, die Gott für uns hat. Es ist schöner, im Zwiespalt mit sich selber zu sein, als in hartleibiger Vergessenheit alle Träume hinter sich zu haben und nicht mehr zu kennen als die betörende Gegenwart, die sich als einzigartig gibt. Wir haben die Träume der Toten, wir haben die Träume des Geistes. Darum ist die Kirche eine schöne Frau. Und vielleicht wird der Geist sie ja noch einmal erwischen, dass die draußen denken: Die Alte ist schon wieder besoffen.

Die Hosen des heiligen Josef
Weihnachtspredigt 2002, Hamburg

Von den Hirten wird gesagt, dass sie ein großes Licht sahen und dass sie Engelschöre hörten. So sind sie leichtfüßig zum Stall gelaufen. Wenn auch ziemlich erbärmlich war, was sie fanden – ein obdachloses Ehepaar mit einem neugeborenen Säugling –, so hatten sie doch noch das Licht vor Augen und die blendende Erscheinung der Engel und ihren Ruf: Fürchtet euch nicht! Und sie konnten leicht glauben. Die Weisen, diese Frühesoteriker, hatten einen Stern, der sie geführt hat und der endlich über dem Stall stehen blieb, in dem das Kind lag. Sie hatten leicht gehen, sie hatten einen überzeugenden Stern. Maria schließlich hatte einen Engel, der ihr ihren Auftrag und ihre Schwangerschaft erklärte. Ein Engel macht einem den Glauben leicht.

Mich interessiert heute am Heiligen Abend zunächst eine Figur, die mindestens bis zu diesem Zeitpunkt keinen Stern und keinen Engel gesehen und die kein Licht geblendet hat. Es ist Josef. Er ist bei jedem Krippenszenario zu finden. Aber er steht meistens im Hintergrund, hält die Laterne, zu alt, um einen brauchbaren Verlobten abzugeben. Er sieht die komischen Gestalten kommen: die Hirten, die Subproletarier jener Zeit, die zu arm waren, um fromm zu sein, wie viele andere vor ihnen und nach ihnen auch. Er sieht die drei abgerissenen Ausländer, die der Stern aus ihrer Heimat getrieben hat und die die Geschichte später zu Heiligen Drei Königen gemacht hat. Josef ist der einzige, der keine Erscheinung hat. Er hört zwar im Traum gelegentlich kurze Befehle: »Nimm das Weib zu dir!«, oder »Nimm das Kind und seine Mutter und flieht nach Ägypten!« Aber was hört man nicht alles im Traum! Eine anständige Erscheinung ist es jedenfalls nicht. Und darum ist mir der Mann ohne Erscheinungen lieb. Josef ist der Erste, der nur eine Erzählung von der Erhabenheit der Dinge hat – von Engeln, vom Licht und von dem Kind, das das Heil Israels sein soll. Er ist der erste Protestant, der nicht mehr hat als das Wort und die Erzählung dieses Lumpengesindels um die Krippe. Wenn es noch das Zeugnis und die Erzählung von ehrbaren Leute gewesen wäre, von Professoren, Hauptpastoren, Bischöfen und ähnlichen überzeugenden Erzählern! Nein, es waren nur diese bambuleverdächtigen Hirten und Ausländer. Josef steht verlegen im Hintergrund, er runzelt die Stirn. Er möchte gerne glauben, dass ab sofort den Armen Recht widerfahren soll und dass die Gewalttätigen vernichtet werden. Aber die Verhältnisse sind nicht so. Er schaut um sich, sieht den Stall und die lächerlichen Figuren darin und runzelt die Stirn, weil er noch nicht mehr hat als die Erzählung vom Recht der Armen. Er bestreitet die Geschichte nicht. Vielleicht braucht er sie viel zu sehr, als dass er sie für völlig unwahrscheinlich halten könnte. Aber er runzelt die Stirn, zieht seine Hose aus, wie es auf alten Weihnachtsbildern zu sehen ist, und wärmt das Kind. Wenigstens das! Wenigstens dieser kleine Anfang für den Trost der Armen. Wenigstens dieser bescheidene Anfang des Reiches Gottes: die Hosen des heiligen Josef.

Ich liebe Josef, denn er ist wie wir. Die wenigsten von uns hat heute Abend eine Erscheinung hergetrieben oder ein Stern gelockt. Wir kommen auf Gutglauben. Wir haben eine alte Erzählung im Ohr. Einige hatten damals schon einen Stern gesehen und haben davon erzählt. Einige haben schon Engel gesehen, und für sie ist die Welt nicht einfach, was sie ist; der Stall nicht mehr, was er ist, und das Kind nicht mehr, was es ist. Uns hat eine alte Erzählung hierhergetrieben. Wir sind ein bunter Haufen hier: Einige von uns glauben an diese Erzählung von der Geburt des Sohnes des Lichts. Sie setzen auf die Wahrheit und auf das Versprechen dieser Erzählung, wenn vielleicht auch keiner ohne Stirnrunzeln, wie jener Josef. Welche Würde, die Welt einfach nicht mehr zu nehmen, wie sie ist; schon das Recht der Armen zu riechen, obwohl sie noch wenig von ihm sehen! Welche Würde, schon vom Frieden zu sprechen und davon, dass den Kriegstreibern das Handwerk gelegt wird, obwohl diese Kriegstreiber ihr Handwerk immer noch betreiben! Welche Würde, sich von jener Erzählung leiten zu lassen und in jedem neugeborenen Kind mehr zu sehen als die bloße Tatsache seiner Armut und seiner Hilflosigkeit! Wenn wir diese Erzählung hören, tragen wir unsere eigenen Wünsche und Hoffnungen in sie ein. Sie sind wie alte Formulare, in die wir unsere Geburts- und Sterbedaten eintragen; unsere Glücksdaten und die Daten unserer Niederlage und unserer Schuld. Nein, man kann nur schwer ohne jene Erzählung leben. Ich meine nicht, dass sie jeder glauben kann. Es spricht ja viel dagegen, wie uns das Stirnrunzeln des heiligen Josef lehrt. Aber jeder kann diese aufrührerische Erzählung schön finden. Und etwas schön finden, ist besser, als nur an etwas zu glauben.

Einige von uns setzen auf die alte Erzählung, wie man in einer Wette setzt und weiß, dass man verlieren kann. Viele, die Weihnachten in die Kirche gehen, glauben nicht. Aber sie sehen zu, wie andere glauben. Und das ist wohl auch ein Stück Glaube. Ein Glaube auf Zeit und ein Glaube bei Gelegenheit! Wer wollte ihn verachten! Viele von uns spielen den Glauben, den sie verloren haben. Sie haben Adventkränze und Kerzen, hören und singen die Lieder, hören das Weihnachtsoratorium. Wer wollte das verachten! Den Glauben und die Hoffnung zu spielen, ist eine Form des Glaubens, eine dürftige vielleicht, aber man soll sie nicht verachten, wenn man nicht mehr hat.

Nun habe ich uns Josefs und Josefinen genug bemitleidet und gelobt, die wir kein Licht sehen und von keinem Stern gedrängt werden; die wir nicht mehr haben als die Erzählungen vom Licht und von der seltsamen Geburt. Ein bisschen Ehre will ich nun auch Gott geben. Denn »Ehre sei Gott in der Höhe!« ist schließlich der Grundruf dieser Nacht. Was sagen wir da: Gott ist Mensch geworden. Gott hat sein Gesicht aufgedeckt in jenem Jesus von Nazareth. In den großen Rettungserzählungen sind die Retter durchweg stark. Sie kommen auf Rossen, sie sind unverwundbar, sie haben in Drachenblut gebadet. Sie zerschlagen ihre Feinde. Sie legt keiner aufs Kreuz. Weihnachten ist das Ende der Erhabenheit Gottes. Es ist wie eine Parodie auf den gewöhnlichen Gottesglauben. Der Retter des Volkes, verehrt von den abgerissenen Gestalten und eingewickelt in die wärmenden Hosen des zweifelnden Josef. Es ist ein blasphemisches Fest. Was soll daran retten?

Was soll daran retten! Ich gehe einen Umweg und erzähle Ihnen die Geschichte einer Frau, die Geschichte von Simone Weil, der französischen Jüdin und Sozialistin, die bis in das Herz des Glaubens gekommen, aber nie in eine Kirche eingetreten ist. Simone Weil war in der Resistance, sie hat kurze Zeit in einem Nazigefängnis gesessen. Sie konnte mit ihren Eltern nach New York entkommen. Sie war in Sicherheit, und dort konnte sie endlich leben. Aber sie hat es dort nicht ausgehalten. Sie hat es nicht ausgehalten, nicht dort zu sein, wo ihr Volk leidet. Sie hat es nicht ausgehalten, mehr Brot zu haben, als ihr gequältes Volk hat; mehr Sicherheit, mehr Glück als die, die den Henkern verfallen waren. Sie wollte zurück nach Frankreich. Bis England ist sie gekommen, dann nicht weiter. Sie hatte abenteuerliche Pläne, sie wollte mit einem Fallschirm über dem besetzten Frankreich abspringen. In England aß sie nur so viel, wie Juden nach ihrer Vermutung in Frankreich damals zu essen hatten. Sie bekam eine TB und ist verhungert. Welch zweckloser und welch zärtlicher Tod! »Sie ist verrückt!«, hat de Gaulle damals bündig erklärt. »Ihr Herz schlug für die ganze Welt!«, hat Simone de Beauvoir von ihr gesagt. Auch sie war ein aufgedecktes Antlitz Gottes.

Simone Weil hat diesen Gott nachgespielt, der es nicht ausgehalten hat, nicht dort zu sein, wo seine Söhne und Töchter leiden. Welches zwecklose Leiden und welcher zwecklose Tod des Sohnes der Güte! Kein Kind stirbt weniger, weil er gestorben ist. Kein Schmerz ist geringer geworden. Die Verzweiflung und das Unrecht sind nicht ausgerottet aus der Welt. Und immer noch sind unsere Tränen nicht gestillt.

Doch welch eine Zärtlichkeit: ein Gott, der bedürftig wird wie wir; der das Glück der Freundschaft und der Liebe kennt wie wir; der früh auf der Flucht ist wie viele von uns und den das Leben aufs Kreuz legt wie andere auch. Die pure Macht, Stärke und Größe hat noch niemanden gerettet. Aber die nicht weichende Zärtlichkeit ist der große Trost.

Es ist nicht alles, was von diesem Gott zu sagen ist. Ich verlange von ihm auch seine Stärke. Wir lassen ihn nicht davonkommen und verlangen von ihm das Recht der Armen, den Trost der Unglücklichen und dass endlich die Stadt erscheine, in der niemand mehr Beute des anderen wird. Wir verlangen es, weil wir die Toten nicht vergessen können und die Opfer nicht aufgeben wollen. Und doch ist das Herz Gottes nicht seine Macht, sondern sein Durst, anwesend zu sein und aus unseren eigenen Schicksalen nicht zu weichen. Endlich ein Gott, dessen Größe uns nicht erschlägt! Endlich ein Gott, der weiß, wohin er gehört! Endlich ein Gott, dessen man sich nicht schämen muss!

Liebe Gemeinde, ich komme noch einmal auf den heiligen Josef zurück. Gott hat ihm seinen Glauben schwer gemacht, weil er ihm kein Licht und keinen Stern geschickt hat. Er hat ihm den Glauben so schwer gemacht, wie er uns schwer ist. Vielleicht hat dieser Josef noch nicht in seinem Herzen geglaubt. Aber er hat es schon mit seinen Hosen, indem er sie ausgezogen und das Kind darin gewärmt hat. Die Kollekte in dieser heiligen Nacht ist für »Brot für die Welt« und für »Brot für St. Petersburg«. Sie merken schon, worauf ich hinauswill: Ich will Ihnen an die Hosen. In dieser Nacht des schweren und vielleicht auch geringen Glaubens könnten wir doch wie Josef mit unseren Hosen und Röcken glauben, wenn das Herz schon taub ist. Wir könnten doch darin die Kinder der Kälte wickeln und so dem Reiche Gottes auf die Sprünge helfen. Wie wäre es, wenn wir so viel in die Kollekte täten, wie unsere Hose oder der Rock wert ist, den wir gerade tragen? Ich hoffe, Sie haben Ihre teuersten angezogen. Der Glaube mit den Hosen und ohne das Herz ist jedenfalls besser als der Glaube mit dem Herzen ohne die Hosen. Gott sieht nicht nur auf das Herz, er sieht auch auf die Hosen des heiligen Josef.

Du starker Gott,
Du hast die Erde gebildet und die Berge geformt,
Du lässt die Sterne singen und das Meer aufbrüllen.
Deine Erde hatte nicht mehr für Dich
als den Stall und die Kälte des Windes.
Du schöner Gott, Du lässt das Gras singen
und schmückst das Gesicht der Erde.
Mehr ist nicht da für Dich
als das Brot der Armen, die Lieder der Hirten
Und die Wünsche der fremden Weisen.
Gott, Du birgst die Welt
wie eine Mutter die Kinder wärmt in ihrem Schoß.
Für Dich hatte die Erde kein Haus,
und Dich hat niemand gerettet
vor der Flucht
und vor der Feindschaft im fremden Land.
Die Nacht Deiner Geburt ist nicht nur die helle Nacht.
Es ist die Nacht,
in der sich die Einsamkeit vieler unter uns aufbäumt
wie ein wildes Tier.
Es ist die Nacht,
in der die Menschen überall auf der Erde
um ihre Toten weinen,
um die Kinder, die ermordet wurden
wie jene zu Deiner Geburt.
Du, Gott, hast Deinen Namen verloren.
Darum kennst Du die Namen der Vertriebenen,
der Gefolterten und der Ermordeten.
Wir haben nicht genug Tränen, um alle zu beweinen.
Du aber bist das Herz der Welt
und das Gedächtnis der Verlorenen.
Sei ein starker Gott und rette die,
für die Du Deinen Namen verloren hast!
Fahre nieder, o Gott,

und zerbrich die Macht der Mörder!
Stürze ihre Throne und vernichte ihre Pläne!
Du bist gekommen, wir warten auf Dich.
Du bist gekommen, so komm!
Wir warten auf Dich,
bis jeder seinen Namen hat,
seine Schönheit und sein Zuhause. Amen.

Die Vernunft reinigt den Glauben
1 Korinther 14,1-26

Den Gottesdienst in Korinth, liebe Gemeinde, den Paulus kritisiert, dürfen Sie sich nicht wie einen der charismatischen Gottesdienste in Hamburg vorstellen. Wenn protestantische Hanseaten in Zungen reden, dann geht es immer noch gepflegt und gedämpft zu wie im Ratskeller, und der Geist hört auf zu wehen, wenn der Pfarrer abwinkt. Als die Gemeinde um 55 den Brief des Paulus erhält, ist Korinth eine wilde Hafenstadt, ein Schmelztiegel von Religionen, Ideen und Volksgruppen. Die Gemeinde: ein Haufen kleiner Leute, die vorher römische oder griechische Gottheiten verehrt haben oder zu orientalischen Kultgemeinden gehörten. Und nun der Gottesdienst dieser Gemeinde von Hafenarbeitern, Fischweibern, Dirnen, Soldaten und Händlern, die meisten ungebildet und unbemittelt, ihr Glaube ist neu, und man kann sie nicht gerade liturgisch geschult nennen. Sie reden und reden und reden, sie reden verständlich und lallen in Zungen. Es redet immer einer, und es reden zwei oder drei zugleich, und es fällt einem der Satz von Wilhelm Busch ein: »Das Reden tut dem Menschen gut, zumal wenn er es selber tut.« Paulus ist gespalten vor diesem Phänomen der Entrissenheit. Einerseits mag er an die alten Verheißungen denken, in denen die Ausgießung des Geistes über Junge und Alte, über Knechte und Mägde und über alles Fleisch versprochen ist. Er mag an die 70 Ältesten in der Wüste denken, über die der Geist gekommen ist und die in Verzückung gerieten. Damals lief einer zu Mose und sagte zu ihm: »Verbiete den Alten das!« Und Mose antwortete ihm: »Wollte

Gott, dass alle im Volk des Herrn Propheten wären und der Herr seinen Geist über sie kommen ließe!« Und schließlich denkt Paulus an seine eigene Erfahrung der Entrissenheit. Kann er dem Geist Einhalt gebieten, und kann man das Zungenreden nur als einen Programmpunkt im Gottesdienst haben, etwa zwischen Kollekte und Abkündigung? Paulus hat einen höchst rationalistischen Maßstab für Zungenreden und für jede Art von Entrissenheit. Er fragt nicht: Redet hier wirklich einer im Geist oder nicht? Er fragt: Ist diese Rede verstehbar? Wenn sie nicht verstehbar ist und wenn sie von keinem Interpreten ins Verständnis gebracht werden kann, dann soll dieser Mensch privat und zu Hause lallen – Geist hin, Geist her! Das Wunder der Entrissenheit und der Besetztheit allein hat keinen Beweiswert. Das ist ein wundervoller Rationalismus gegen alle Verschwommenheit, die sich als Geist gibt; und gegen alles Rauschhafte und Mirakelhafte in der Religion.

Mit dieser Skepsis gegen alles Außerordentliche steht Paulus nicht allein da. Von rabbinischen Gelehrten wird Folgendes erzählt: Einige von ihnen waren nicht einverstanden mit der Auffassung des Rabbi Eliesers vom Ritualgesetz. Darauf sagte Rabbi Elieser: »Wenn das Gesetz so ist, wie ich glaube, dann soll dieser Baum es uns sagen!« Worauf der Baum hundert Ellen weit von seinem Platz sprang. Seine Amtsbrüder sagten ihm: »Man beweist nichts mit einem Baum!« Er erwiderte: »Wenn ich recht habe, soll dieser Bach es sagen!« Worauf der Bach stromaufwärts floss. Seine Amtsbrüder entgegneten: »Man beweist nichts mit einem Bach!« Er fuhr fort: »Wenn das Gesetz so ist, wie ich glaube, sollen diese Wände es bezeugen!« Worauf die Wände einzustürzen begannen. Aber Rabbi Josua schrie die Wände an und sagte: »Wenn Gelehrte sich über eine Gesetzesfrage streiten, wozu habt ihr da einzustürzen!« Aus Achtung vor Rabbi Josua stürzten die Wände nicht weiter ein, aber aus Achtung vor Rabbi Elieser richteten sie sich auch nicht wieder auf. »Wenn das Gesetz so ist, wie ich denke, dann soll es uns vom Himmel gesagt werden!« Worauf eine Stimme vom Himmel sprach: »Was habt ihr gegen Rabbi Elieser, weil das Gesetz so ist, wie er sagt?« Worauf Rabbi Josua sich erhob und sagte: »In der Schrift steht: Das Gesetz ist nicht im Himmel. Was bedeutet das? Nach Rabbi Jirmjahu bedeutet es, seit die Thora auf dem Berge Sinai gegeben wurde, achten wir nicht mehr auf die Stimmen vom Himmel, weil geschrieben steht: ›Ihr sollt nach der mehrheitlichen Meinung beschließen!‹« Dann geschah es, dass Rabbi Nathan den Propheten Elija traf, der einen Spaziergang auf der Erde machte, und er fragte ihn: »Was hat Gott selber gesagt, als wir diesen Streit hatten?« Der Prophet gab zur Antwort: »Gott lächelte und sagte: ›Meine Kinder haben gewonnen, meine Kinder haben gewonnen.‹«

Das Außerordentliche hat keine Beweiskraft. Die Geistesergriffenheit wird nicht bestritten, aber sie ist auch nicht maßgebend, sie wird gemessen. Und der Maßstab ist die Verstehbarkeit der Rede. Ist Paulus ein platter Rationalist, der nur gelten lässt, was ins Argument und die Sprache gebracht ist; was durch Sprache kontrolliert und beherrscht werden kann? Vor dem 14. Kapitel, dem unser Text entnommen ist, steht im 13. Kapitel das Hohe Lied der Liebe. Es schließt so: »Nun aber bleiben Glaube, Hoffnung und Liebe; aber die Liebe ist die größte unter ihnen.« Die Liebe aber ist Mitteilung, sie bleibt nicht bei sich, sie kennt keine Abgeschlossenheit und kein Separee! Was nicht Mitteilung ist und was nicht auf Mitteilung aus ist, ist nicht erheblich, von welchem Geist es auch immer stammen mag. »Gott ist das Allermitteilsamste«, sagt Meister Eckhard. Er ist keine Geheimklausel, die nur wenige kennen. Weil der Grund der Welt Mitteilung, Wort und Sprache ist, darum ist das Lallen verdächtig; jene Äußerung, die nur dem Einzelnen und dem Geist zugänglich ist. Darum schätzt Paulus die prophetische Rede, weil sie aufgeschlossene Rede ist; eine Rede, die zu den anderen eilt und sie erbaut, tröstet, ermahnt und warnt. Die unverständliche Rede kommt ohne Öl und Wein und Brot zu den anderen; mit in den Wind gesprochenen Worten und ohne Güte. Es ist eine aufgeblähte Rede. Keiner weiß, was gespielt wird, sagt Paulus, wenn diese Rede daherkommt und auch noch stolz ist auf die eigene Nichtverstehbarkeit. Lieber fünf Worte mit Verstand als zehntausend Worte mit Zungen!

Was tut ihr eigentlich den Unkundigen und den Ungläubigen an mit eurer unverständlichen Rede? fragt Paulus. Nach solchem Getöse können sie höchstens sagen: Die spinnen, die Christen. Die unverständliche Rede lehrt die Fremden Gott nicht, sie enthält ihnen Gott vor. Wenn die Gemeinde verstehbar redet, dann wird der Fremde und Unkundige niederfallen auf sein Angesicht und Gott anbeten. Paulus macht die Gemeinde für die Einsicht und die Glaubensfähigkeit der Fremden verantwortlich. Die Mitteilungspflicht endet nicht an den Mauern der Kirche. Aber was heißt das für die Sprache und für die Gesten unserer Kirche? Was heißt es für unsere Theologie? Selbst wenn die Fremden nicht glauben, wenn sie diese Gesten und diese Sprache hören, selbst dann müsste sie mitteilsam sein. Auch dem Ungläubigen muss ich sagen können, was Schöpfung, Erlösung, Gnade, Reich Gottes bedeuten. Wer nach unserem Glauben fragt, den können wir nicht mit einer Anzahl von ungeknackten Nüssen aus dem 16. Jahrhundert bombardieren. Wir können den Glauben allerdings auch nicht so niederschwellig machen, dass auch noch ein betrunkener Affe alles kapiert, weil es nichts mehr zu kapieren gibt. Das könnte eine neue Gefahr werden: der Verlust des Geheimnisses, und übrig bleibt ein bisschen Moral und eine dünnschissige Lebensklugheit.

Paulus nennt in diesem Kapitel eine Reihe Töchter der Vernunft, die den Glauben retten: Verstehen, Nützen, Erkenntnis, Wissen, Interpretieren, Psalmen singen mit Verstand, nicht Unmündige im Verstehen sein. Wenn wir Christen Vernunft und Glauben nebeneinander stellen, dann hat die Vernunft oft schon verspielt. Sie ist eine Hure, das haben wir doch von Luther gelernt. Aber mit wem hat der blinde Glaube eigentlich nicht gehurt? Nur ein Beispiel einer solchen Hurerei, aus einem Brief eines Feldbischofs (schon dieses Wort ist eine Hurerei) von 1943:

Christus ist es, der von sich sagen konnte: »Ich habe die Welt überwunden.« Er stand über allen Stürmen, die über ihn hereinbrachen, als er seinen großen Opfergang begann ... Möge Euch allen, Ihr tapferen Soldaten, ein starkmütiges und entschlossenes Herz in der Brust schlagen, wenn Euch der Führer und oberste Befehlshaber der Wehrmacht um des Endsiegs willen zu neuen Aufgaben ruft! Möge Euer Mut und Eure Treue alle Zeit größer sein als die Schwierigkeiten, die ihr zu bestehen habt! ... Möge Euch alle der Aufblick zu Christus wissend, sehend und hellhörig machen, damit Ihr an den Euch auferlegten Prüfungen des Lebens und der Zeit nicht zerbrecht, sondern immer härter und entschiedener werdet in den gegenwärtigen und kommenden Stürmen, die ihr zu bestehen habt. Dazu verhelfe Euch der allmächtige Gott ...

Der empirische Glaube der Menschen ist so zweideutig wie alles andere bei ihm, so zweideutig, wie es auch die Vernunft ist. Dieser Feldbischof und alle, die auf ihn hörten mit götzendienerischen Ohren, hatten die Bibel und die Texte nicht als Gegenüber, das sie korrigierte und mahnte, wie eine alte Lehrerin einen verbessert und mahnt. Sie haben sich selber, ihre Wünsche und Ideologien einfach in die alten Texte hineingelesen. Sie sind die Laller, die Paulus meint und die sich von keiner Vernunft stören lassen. Der Bischof hat dem Gott seiner Väter und Mütter das Gesicht eines Götzen gegeben. Dieser Gott trug noch den alten Namen, in Wirklichkeit aber hatten sie sein Gesicht geschnitzt nach den eigenen Zügen. Eben das ist das Gefährliche: die Vermischung der Schönheit und der Gemeinheit, der Lebensbilder und der Todesbilder. Jener Bischof tat das in so grober Weise, dass wir das Götzenbild heute leicht erkennen. Es ist fast immer so, dass erst die Kinder oder die Enkel die Götzen ihrer Vorfahren erkennen. Unsere Väter und unsere Mütter zu entlarven, ist keine große Kunst. Was aber sind unsere Götzen? Welchem Gott haben wir unsere Züge verliehen und beten ihn an?

Das Prinzip, das Paulus zur Kontrolle der Rede einführt, ist nicht so schlecht: Versteht, was ihr sagt, auch der Fremde, der nicht Dazugehörige? Versteht, was du Feldbischof sagst, auch der Franzose, der Russe, der Pole? Können sie das Amen zu jener Predigt sprechen? Können die Armen dieser Erde das Amen zu unserer Theologie und unserer Predigt sprechen? Können unsere Enkelkinder das Amen sprechen? Können es andere religiöse Dialekte?

Wir sollten unserem Glauben seine hinkende Schwester, die Vernunft, lassen, diese schöne, kühle Gefährtin. Es ist nicht ihre Aufgabe, alles zu legitimieren, was der Glaube sagt. Sie steht oft schweigend und staunend vor seiner Kühnheit und Leidenschaft. Aber es ist ihre Aufgabe, diesen Glauben vor den größten Fehltritten zu bewahren und seine Bedenkenlosigkeit zu Fall zu bringen. Man glaubt schwerer und man glaubt würdiger, wenn man den eigenen Glauben aus der falschen Trunkenheit und Benommenheit reißt. »Sobria ebrietas« haben die Alten gesagt: eine nüchterne Trunkenheit, die schon viele Leben gerettet hat. In den wenigen Schuldbekenntnissen nach dem Krieg haben wir uns angeklagt, wir hätten zu wenig geglaubt und geliebt. Es ist ja richtig, nur haben wir eine Anklage vergessen: Wir haben zu wenig gezweifelt, wir haben die Vernunft und die Nüchternheit verjagt, wir haben uns in die falschen Selbstverständlichkeiten hineingelallt. Wie viele Menschen wurden im Verlauf der Glaubensgeschichten, nicht nur der christlichen, gequält, verachtet und ermordet, weil die Vernunft verjagt war, weil Menschen ins Lallen verfallen sind und sich in falsche Stimmigkeiten hineingesteigert haben!

Liebe Gemeinde, kann es sein, dass ich hier eine schon lange ausgemusterte Frage behandle? Hat der Hauptpastor Goeze in dieser Stadt Hamburg und in diesem Land noch Anhänger, und sind sie von erheblicher Zahl? Eine Streitschrift von Lessing trägt den Titel: »Nötige Antworten auf eine sehr unnötige Frage des Hauptpastors Goeze!« Es gibt gelegentlich noch die Goezes, die Dunkelmänner, die Vernunftverdächtiger und ihre unnötigen Fragen. Aber wir leiden viel mehr daran, dass uns die Lebensentwürfe und Optionen abhanden gekommen sind und dass wir im Zynismus ersticken. Wo lernen wir glauben, wo lernen wir unser Gewissen, wo lernen wir unsere Lebenshoffnungen? – das sind die schwierigeren Fragen in unserer Gesellschaft.

Bitte, beachten Sie auch die folgenden Seiten

Lieferbare Radius-Bücher. Eine Auswahl

Gerhard Begrich: Namen und Namengeschichten in der Bibel
Gerhard Begrich: Schönheit gilt es zu schauen
Peter Bichsel: Im Hafen von Bern im Frühling
Peter Bichsel: Möchten Sie Mozart gewesen sein?
Wilhelm Dehn (Hg.): So grundgeheim wie jedem offen. Holunder-Lyrik
Christoph Dinkel (Hg.): Im Namen Gottes
   Kanzelreden zu den sechs Perikopenreihen [2008-2013]
Wolfgang Erk (Hg.): Für diesen Tag und für alle Tage Deines Lebens
Wolfgang Erk (Hg.): Viele gute Wünsche. Literarische Annäherungen
Wolfgang Erk (Hg.): Mit einem Engel durchs Jahr
   Lyrik und Prosa für 366 Tage
Wolfgang Erk / Martin Scharpe: 50 Jahre Radius-Verlag. Eine Chronik
Ulrich Finckh: Vom heiligen Krieg zur Feindesliebe Jesu
   Beiträge zu Rechtsstaat und Friedensethik
Traugott Giesen: Tage - Jahre - Leben. Neue Kolumnen
Hannah Green: Ich hab dir nie einen Rosengarten versprochen
   Bericht einer Heilung
Gotthold Hasenhüttl: Christen gegen Christen
   Der Streit um das gemeinsame Abendmahl
Klaus-Peter Hertzsch: Chancen des Alters. Sieben Thesen
Klaus-Peter Hertzsch: Der ganze Fisch war voll Gesang
Klaus-Peter Hertzsch: Sag meinen Kindern, dass sie weiterziehn
   Erinnerungen
Klaus-Peter Hertzsch: Die Stärken des Schwachen
   Erinnerungen an eine gefährliche Zeit
Egbert Höflich: Was kann ich glauben?.
   Gedanken zur Zukunft der Kirche
Reinhard Höppner / Joachim Perels (Hg.):
   Das verdrängte Erbe der Bekennenden Kirche
Walter Jens: Das A und das O. Die Offenbarung
Walter Jens: Der Römerbrief
Walter Jens: Die vier Evangelien
Walter Jens: Der Teufel lebt nicht mehr, mein Herr!
   Erdachte Monologe – Imaginäre Gespräche
Klaus-Peter Jörns: Glaubwürdig von Gott reden
   Eine theologische Kritik der Bibel
Eberhard Jüngel: Anfänger. Herkunft und Zukunft christlicher Existenz
Eberhard Jüngel: Außer sich. Theologische Texte
Eberhard Jüngel: Beziehungsreich. Perspektiven des Glaubens
Eberhard Jüngel: Erfahrungen mit der Erfahrung
Otto Kaiser: Das Buch Hiob. Übersetzt und eingeleitet
Otto Kaiser: Kohelet. Das Buch des Predigers Salomo
Otto Kaiser: Weisheit für das Leben. Das Buch Jesus Sirach
Otto Kaiser: Die Weisheit Salomos

Gerd Lüdemann / Martina Janßen: Bibel der Häretiker. Nag Hammadi
Henning Luther: Frech achtet die Liebe das Kleine. Predigten
Henning Luther: Religion und Alltag
   Bausteine zu einer Praktischen Theologie
Kurt Marti: geduld und revolte. die gedichte am rand
Kurt Marti: gott gerneklein. gedichte
Kurt Marti: Gott im Diesseits. Versuche zu verstehen
Kurt Marti: Heilige Vergänglichkeit. Spätsätze
Kurt Marti: Die Psalmen. Annäherungen
Kurt Marti: Von der Weltleidenschaft Gottes. Denkskizzen
Gerhard Marcel Martin: Das Thomas-Evangelium
Pierangelo Maset: Geistessterben. Eine Diagnose
Elisabeth Moltmann-Wendel: Gib die Dinge der Jugend
   mit Grazie auf. Texte zur Lebenskunst
Elisabeth Moltmann-Wendel: Der auf der Erde tanzt
   Spuren der Jesusgeschichte
De van Nguyen: Wege im Werden
   Lebensschritte zwischen zwei Kulturen
Gert Otto: Tod und Trauer brauchen Sprache
Hans-Richard Reuter: Beim Wort genommen. Predigten
Ingeborg Ronecker: JerusalemJahre. Von Intifada zu Intifada
Karl-Heinz Ronecker: Mit Literatur predigen
Martin Scharpe (Hg.): Erdichtet und erzählt I und II
   Das Alte / Das Neue Testament in der Literatur
Martin Scharpe (Hg.): Das Nashorn geht spazieren
   Eine lyrische Tierkunde
Martin Scharpe / Wolfgang Erk (Hg.): Tag für Tag
   Literarisches Geburtstagsbuch
Henning Scherf: Gast bei fremden Freunden. Eine Weltreise à la Scherf
Wieland Schmied: Bilder zur Bibel
   Maler aus sieben Jahrhunderten erzählen das Leben Jesu
Wieland Schmied: Von der Schöpfung zur Apokalypse
   Bilder zum Alten Testament und zur Offenbarung
Wieland Schmied: Ochs und Esel und andere Tiere der Bibel
   52 Meisterwerke der europäischen Malerei
Friedrich Schorlemmer (Hg.): Das soll Dir bleiben
   Texte für morgens und abends
Olaf Schumann: Zentrale Texte des Glaubens
Fulbert Steffensky: *siehe Seite 4*
Holger Tiedemann: Paulus und das Begehren
Hanna Wolff: Jesus als Psychotherapeut
Eva Zeller: Das unverschämte Glück. Neue Gedichte

   Radius-Verlag · Alexanderstraße 162 · 70180 Stuttgart
   Fon 0711.607 66 66   Fax 0711.607 55 55
   www.Radius-Verlag.de   e-Mail: info@radius-verlag.de